DICTIONNAIRE DE MYTHOLOGIE

par
Dionys Ordinaire
— 1866 —

Avertissement

Un bon Dictionnaire n'est pas un recueil qui commence par A et finit par Z. C'est un livre d'éducation varié, commode, agréable, facile à quitter, facile à reprendre.

Préface

Un dictionnaire de mythologie ! j'entends déjà les exclamations. « — Quoi ! en France ! au xixe siècle ! Mais la mythologie est une chose morte, passée, flétrie comme les bouquets à Chloris, fanée comme les roses de l'abbé Chaulieu, comme les lauriers de l'abbé Delille. Les Dieux ont fait leur temps. Jupiter a mis la clef sous la porte de l'Olympe et s'est retiré des affaires. A quoi pense donc l'auteur, de vouloir rajeunir ces vieilleries ? Vient-il de l'autre monde ? A coup sûr il n'est pas de celui-ci. Il s'est endormi il y a deux cents ans dans le salon de Rambouillet, aux soupirs cadencés des madrigaux, et ne s'est pas encore réveillé. Allons, bonhomme, secouez votre perruque et frottez-vous les yeux. N'entendez-vous pas les sifflets de nos chemins de fer qui vous rappellent à la réalité ? »

Non, la mythologie n'est pas morte. Elle vit jeune et souriante comme aux beaux jours de Phidias et d' Homère, de Ronsard et de Chénier. Elle vit, dis-je, et respire partout autour de vous, dans les œuvres de vos artistes, dans les travaux de vos érudits, dans les fantaisies de vos poëtes. Elle anime la toile, taille le marbre, enrichit la strophe. Elle hante vos écoles, peuple vos théâtres, vos musées, vos galeries, vos promenades, fait le luxe de vos maisons, l'ornement de vos loisirs. Tout ce que notre siècle crée de noble et de grand vient d'elle ou porte son empreinte. Elle est immortelle comme la nature, qu'elle anime de son souffle vivifiant ; comme l'âme humaine, dont elle satisfait les tendances idéales. Elle n'est pas seulement la religion des Grecs et des Romains, elle est la langue poétique de tous les peuples. Quiconque ignore ses charmantes inventions, ses mythes profonds ou ingénieux, est un profane, une intelligence fermée à la lumière des belles œuvres. Non-seulement il doit renoncer à comprendre les créations originales des anciens et les admirables imitations des classiques français et italiens, mais il se condamne à rester étranger aux productions contemporaines, même les plus frivoles, et à vivre au milieu de son siècle comme s'il était aveugle de naissance.

En doutez-vous ? Je ne veux qu'un exemple pour vous convaincre. Je prends sur ma table un journal, non pas l'*Almanach des Muses*, mais un journal d'aujourd'hui, un journal en vogue ; j'ouvre au hasard, et je tombe sur un article de haut goût, dont j'extrais les oracles suivants :

N. B. C'est d'un artiste qu'il s'agit, d'un artiste sur lequel l'auteur hasarde des variations dithyrambiques comme celles ci :

1re Variation. — "Cet oiseau rare, dont les notes cristallisées en étoiles semblaient fixées par la main d'Uranie dans l'azur immobile et profond d'une nuit des tropiques... "

2e Variation. — "Cet Amphion qui pariait de faire pleurer les femmes sur l'air ; « Au clair de la lune !... » "

3e Variation. — "Augure imperturbable, il chercherait Talma dans les entrailles de Jocrisse. "

4me Variation. — "On est *ahuri* par cette physionomie tracassée, par cette plastique abracadabrante. "

5me Variation. — "Et lorsque vaincu, terrassé par sa verve, on lui souhaite le bonsoir, il vous congédie avec une poignée de main cyclopéenne. "

Qu'une personne qui n'a lu ni le latin d' Ovide, ni la mythologie de Chompré, ni les *Lettres à Émilie*, tombe sur cette feuille, qui est très-répandue, et, dans cette feuille, sur cet article, qui est très-figuré, quelle ne sera pas sa stupeur ! Aux obscurités de la langue que d'autres obscurités viendront s'ajouter ! Quelles énigmes ! Quelle nuit profonde !

Dans son embarras, elle nous appelle à son aide, et, notre dictionnaire en main, attaque une à une les difficultés du morceau.

1re Variation. — *Le Dictionnaire* : Uranie, muse de l'astronomie. Phénix, oiseau rare. — *Le Lecteur* : Le Phénix chantait donc ? — *Le Dictionnaire* : La fable ne le dit pas, mais on peut le supposer. — *Le Lecteur* : Je relis la phrase et je ne comprends pas. — *Le Dictionnaire* : C'est sans doute la faute de l'auteur. Passons.

2e. — *Le Dictionnaire* : Amphion, musicien célèbre, bâtit seul la ville de Thèbes. Les pierres obéissaient à sa lyre, et d'elles-mêmes venaient se placer les unes sur les autres. — *Le Lecteur* : Quel rapport peut-il y avoir entre des pierres qui se remuent et des femmes qui pleurent ? — *Le Dictionnaire* : Vous ne le voyez pas ? Ni moi non plus.

3e. — *Le Dictionnaire* : Augures, devins de Rome, qui prédisaient l'avenir en consultant le vol des oiseaux et les entrailles des victimes. — *Le Lecteur* : J'entrevois bien une idée. Jocrisse, c'est le bouffon ; Talma, c'est le tragique, et l'augure, c'est notre artiste, qui chercherait le tragique dans le bouffon. Mais pourquoi comparer l'artiste à l'augure et Jocrisse à une victime ? Pourquoi mettre Talma dans les entrailles de Jocrisse ? — *Le Dictionnaire* : Vous êtes trop curieux.

4e. — *Le Dictionnaire* : Abracadabra, formule employée dans les opérations magiques, d'où l'adjectif abracadabrant, qui n'est pas encore adopté par l'Académie. — *Le Lecteur* : Fort bien ; mais qu'est-ce qu'une plastique abracadabrante ? — *Le Dictionnaire* : C'est une plastique abracadabrante, étonnante et sans doute inexplicable.

5e. — *Le Dictionnaire* : Cyclopes. Travaillaient avec Vulcain dans les forges de l'Etna. N'avaient qu'un œil, logé au milieu du front. — *Le Lecteur* : Une poignée de main cyclopéenne est donc une poignée de main de forgeron ? — *Le Dictionnaire* : A moins que ce ne soit une poignée de main de borgne.

Et qu'on ose soutenir encore que notre dictionnaire n'est pas une œuvre utile !

Utile ? utile ? interrompit une personne que la lecture de ces réflexions n'avait pas convaincue, un dictionnaire de mythologie utile à notre époque ! Y pensez-vous ? — Et pourquoi pas ? Est-ce que les Français d'aujourd'hui n'ont plus rien à apprendre sur la religion des Grecs et des Romains ? — J'avoue qu'ils sont en général fort ignorants sur cette matière ; mais s'ils se plaisent dans cette ignorance, s'ils ne désirent pas en sortir, avez-vous la prétention de vouloir les instruire malgré eux ? — Non ; mais, si je pouvais leur inspirer le désir de s'instruire, je croirais avoir rendu service... — A qui ? à la société ? Elle vous sera bien reconnaissante de vos bonnes intentions ; mais, quand elle aura lu ses journaux, ses revues, ses brochures, ses romans, elle trouvera que Saturne, Jupiter et les douze grands dieux manquent un peu d'actualité. — J'admets que les grandes personnes sont trop utilement occupées pour perdre leur temps à me lire, mais les enfants.... — Les enfants ! Interrogez-les, ils vous répondront qu'ils ont l'histoire, la géographie, la chimie, la physique, les mathématiques, la logique, à étudier ; que le plus pressant pour eux est de devenir vite bacheliers, et que, s'ils ont plus tard le loisir de songer à la mythologie, M. Offenbach leur en apprendra mieux que vous le fort et le faible. Je crois, mon cher monsieur, que vous vous trompez de date. Un dictionnaire comme le vôtre était bon dans les derniers siècles, où la plupart des gens instruits connaissaient la religion des païens mieux que la leur, et où on apprenait la fable aux enfants avec plus de soin que le catéchisme. On ne s'était pas encore avisé alors d'enseigner au collége la science universelle et de faire de chaque écolier un petit tome de l'*Encyclopédie*. On bornait à peu près l'enseignement à la lecture des poëtes et des orateurs anciens ; le reste s'apprenait dans le monde. Dans un système d'études aussi restreintes, la mythologie était vraiment importante : elle était proprement la clef des humanités. Mais aujourd'hui les esprits sont tournés ailleurs. On lit rapidement les Grecs et les Latins pour avoir une teinte de leurs mœurs ; si quelque allusion détournée à la fable vient obscurcir le sens d'un passage, le professeur explique la légende, et l'élève se hâte de l'oublier pour le reste de ses jours. Et c'est à cette jeunesse studieuse que vous venez sérieusement proposer d'apprendre le nom des chevaux du soleil ou des chiens d'Actéon ! — Je vous abandonne les classiques anciens ; mais les nôtres, ceux du xviie siècle, vous m'accorderez bien qu'un ouvrage de mythologie peut en faciliter l'intelligence. — Comment cela ? — Vous me le demandez ! Est-ce qu'ils ne sont pas pleins des souvenirs de l'antiquité ? Est-ce qu'ils ne sont pas aussi païens en littérature qu' Homère et Virgile ? Est-ce que, pour comprendre un janséniste comme Boileau ou Racine et un évêque comme Fénelon, il ne faut pas être initié au culte des Grecs ? J'ai honte d'être obligé de vous apprendre des choses que vous savez mieux que moi. — Soit, je vous passe à mon tour nos classiques, qu'on ne lit plus guère ; mais les auteurs modernes, qu'on lit beaucoup, prétendez-vous qu'on ait besoin de la fable pour les comprendre ? — Assurément. — Quoi ! Lamartine, Hugo, Musset, nos auteurs d'hier, ceux d'aujourd'hui, ont besoin de commentaires mythologiques ! — Oui. — Vous vous moquez. La littérature est guérie du paganisme. Le romantisme a détrôné les dieux. Ceci a tué cela. Apollon et les Muses n'inspirent plus que M. Viennet. — Erreur. La mythologie est partout, dans les vers, dans la prose, au théâtre. Lisez attentivement votre journal, je vous mets au défi de ne pas rencontrer à chaque page une allusion à la fable. — Vous m'étonnez, je ne me rappelle pas en avoir jamais vu une seule. — C'est que vous avez fait de bonnes études : les images tirées de la mythologie vous sont si familières qu'elles ne vous frappent plus ; vous les acceptez comme ces monnaies courantes dont vous ne regardez pas l'effigie. Mais les personnes moins lettrées... — Les personnes moins lettrées comprennent en gros le sens, et cela leur suffit. Qu'ont-elles besoin qu'on vienne leur expliquer de vieilles métaphores dont elles n'ont pas la prétention de se servir ? — Détrompez-vous, elles ont cette prétention. Tout le monde chez nous a cette prétention. L'Olympe entier fleurit sur les lèvres des Français. Ouvrez donc les oreilles et écoutez-les parler autour de vous. Vous les entendrez à chaque instant tomber de Charybde en Scylla, rentrer dans leurs lares, dans leurs pénates, faire des ablutions, des libations, sacrifier aux Grâces, jeter la pomme de discorde... Est-ce que j'exagère ? — Non, je suis forcé d en convenir. — Et ne croyez-vous pas que ce sera un service à rendre à bon nombre d'entre eux que de leur expliquer des termes dont ils se servent tous les jours sans en bien comprendre l'origine et la portée ? — Si tel est en effet votre plan, je pense comme vous que votre ouvrage peut être de quelque utilité. — Tel est en effet mon plan ; mais, si vous prenez la peine de me lire, vous verrez que je ne m'y suis pas toujours astreint. En tout genre d'ouvrages il faut de la variété, mais surtout dans ces sortes de recueils, dont les feuilles détachées n'ont guère d'autre lien entre elles que l'ordre alphabétique et l'intérêt du lecteur. En général, après l'explication d'une légende, je passe en revue les expressions qui en dérivent ; je précise le sens qu'on doit y attacher ; je distingue celles qui ont vieilli de celles qui se sont conservées, celles qui sont devenues triviales par un usage abusif de celles que la poésie et l'éloquence emploient avec succès, celles qu'il faut abandonner de celles qu'une interprétation nouvelle peut rajeunir. Quelquefois aussi je me contente de développer le sens caché d'un mythe, laissant le lecteur libre de l'exploiter dans la conversation comme il l'entendra. Il y a certaines fables trop connues que je me contente d'exposer sommairement, d'autres que je commente avec l'aide des grands travaux mythologiques de la critique moderne. Tel chapitre n'est qu'une boutade littéraire ou morale, tel autre une légère critique d'un préjugé ou d'un travers de langage, et ces derniers ne sont peut-être pas les moins instructifs. Variété et brièveté doit être la devise de tout homme qui écrit. Qui disserte ennuie, qui longuement disserte assomme. Le ton enseignant fait tort au maître et à la chose enseignée, comme l'âpreté du sage fait tort au sage et à la vertu. Voilà en résumé l'idée de mon petit livre : qu'en pensez-vous ? — Je pense qu'il est bien difficile de ne pas se rendre aux raisons d'un auteur qui veut faire valoir son œuvre. — Voyons, sérieusement, me conseillez-vous de le publier ? — Publiez, Monsieur, publiez, et que les dieux immortels vous soient propices !

9

I

Je m'étais attardé un soir d'été dans les ruines des Thermes, et là, seul, assis sur un banc, écoutant sous ces murailles mortes les bruits joyeux de la vie parisienne, je songeais comme Volney à la destinée des empires, quand un homme enveloppé d'un manteau me toucha l'épaule, et, d'un geste impérieux, m'ordonna de le suivre. Je me levai machinalement ; il ouvrit une grille cachée sous un lierre, et nous entrâmes dans des souterrains inconnus.

Le frisson me gagnait déjà sous ces voûtes froides, où je marchais à tâtons, appuyant à chaque pas ma main sur les parois humides et gluantes, quand nous arrivâmes sous le péristyle, brillamment éclairé par une lampe d'argent, d'un petit temple à colonnades. L'homme se retourna, et d'une voix douce et triste : « Je suis l'empereur Julien, me dit-il, celui que vous avez surnommé l'Apostat. » Je le reconnus aussitôt à son regard fin et spirituel, à ses cheveux retombant à l'antique sur son front étroit, à sa longue barbe stoïque, qui lui valut de la part des gens d'Antioche des plaisanteries qu'il leur rendit bien. Je n'aime pas les revenants, surtout les revenants classiques ; ils sont prétentieux, lugubres et emphatiques. Mais celui-là était si simple, si naturel, et paraissait de si bonne compagnie, que je me sentis aussitôt à l'aise avec lui. « On vous a bien calomnié, lui dis-je, mais on commence à vous rendre justice. — Jupiter m'est témoin, répondit-il, que je n'étais ni fanatique ni cruel. J'aimais la vieille religion de Rome, comme Caton mon modèle, comme Marc-Aurèle mon maître, moins par piété que par reconnaissance, moins par conviction que par politique. Est-ce que notre Sénat était intolérant lorsqu'il proscrivait les mages et les dieux de l'Asie ? Est-ce Jupiter qu'il défendait contre Mithras, ou la vieille discipline italienne contre la corruption asiatique ? Il faut bien croire que je me suis trompé, puisque le Destin m'a donné tort. J'ai succombé, et le polythéisme avec moi. Ma mémoire a été flétrie : c'est le sort des vaincus. Vous dites qu'on me rend justice aujourd'hui : c'est un des retours ordinaires des jugements des hommes. Leur faveur non plus que leur haine n'a de quoi troubler l'âme indépendante du sage. »

J'approuvai sa résignation philosophique et lui demandai comment, après tant de siècles, il se retrouvait encore à Paris, dans son antique palais des Thermes.

II

« Vous savez, me dit-il, combien j'aimais Paris de mon vivant. C'était la forteresse d'où je surveillais les barbares du Rhin ; c'était la retraite philosophique où je me reposais de mes campagnes dans l'étude et dans la conversation de quelques amis. A Constantinople, la cité grecque, les factions du cirque, les querelles des sectes, la servilité des grands, la turbulence de la plèbe, me présentaient partout l'image de notre dégradation. A Paris, la ville latine, au milieu de mes vieux légionnaires, je pouvais me croire dans Rome. Pendant les longs siècles de barbarie qui suivirent ma mort et la chute de l'Empire, j'errai paisible dans les Champs-Élysées, conversant avec les sages, et ne me souvenant du rôle que j'avais joué sur la terre que comme d'un rêve pénible. Mais vers le seizième siècle de votre ère, quand j'appris que votre Gaule redevenait latine, et que Rome renaissait dans Paris avec ses lois, sa langue, sa politesse et ses arts, je fus pris d'un irrésistible désir de revoir ma ville bien-aimée Je vins, j'errai sous les ruines de mes Thermes, si vivantes pour moi, si pleines de grands souvenirs. Je retrouvai mes Parisiens légers, enthousiastes, crédules, spirituels, aimables comme autrefois, et, ce qui me toucha profondément, païens aussi comme autrefois. La plèbe usait bien encore de ce patois que vous avez perfectionné, et qui est devenu la langue que vous parlez aujourd'hui ; mais le latin était l'idiome dominant. Les gens lettrés haranguaient, composaient, correspondaient en latin ; leur Bible était Sénèque ; leurs saints, les hommes de Plutarque ; Zénon ou Épicure, leurs pères en morale. Si leurs prosateurs ou leurs poëtes daignaient écrire dans la langue vulgaire, aux désinences près, vous auriez cru lire nos anciens, tant ils savaient calquer ingénieusement leurs formes sur les nôtres. Quant à leur religion, quel triomphe pour moi ! C'était le pur polythéisme des plus beaux temps de la Grèce et de Rome. Ils croyaient au Parnasse, les bonnes gens, comme à la montagne Sainte-Geneviève, et invoquaient plus souvent les Muses que l'Esprit saint. Leurs prêtres mêmes, que dis-je ? leurs pontifes juraient par les dieux immortels et attestaient Jupiter très-bon, très-grand. Oh ! les beaux jours que j'ai passés parmi ces dignes païens ! Et ce bonheur a duré trois siècles. Votre Révolution vint me tirer brusquement de ma douce quiétude. Je crus d'abord au triomphe complet de mes chères doctrines. On fermait les églises chrétiennes, on proscrivait le culte du Christ, on chassait ses ministres, on les persécutait comme je n'eusse jamais osé le faire autrefois dans mes jours de rigueur. "Un jour même, jour mémorable qui m'a dédommagé de bien des déceptions, on promena sur un char une déesse, C'est la Raison ! criait le peuple en courant derrière elle. — Courage ! mes braves Parisiens, appelez-la Minerve," répondais-je en courant avec eux. Hélas ! mes illusions ne furent pas longues. Les églises se rouvrirent, les prêtres revinrent et chassèrent les dieux sans retour. Des poëtes barbares montèrent à l'assaut de l'Olympe, prirent Jupiter par la barbe et l'en firent descendre. Les saints et les anges s'assirent sur les siéges des Muses, et leurs harpes d'or retentirent où avait chanté la lyre d'Apollon. Pour la seconde fois le grand Pan était mort. Indigné, je me retirai dans ce temple, où j'ai recueilli pieusement les tristes débris du dernier naufrage de mon culte. Entrez, me dit-il, venez voir l'ombre d'une religion gardée par l'ombre d'un empereur. »

III

Il poussa la porte, qui s'ouvrit sans bruit. Une poussière fade et nauséabonde, pareille à celle qui s'exhalerait d'un vieux Bollandus de 1643 perdu dans une collection d'amateur, s'éleva de l'enceinte mystérieuse et me saisit à la gorge. Quand le nuage fut tombé, je vis un spectacle comme on n'en voit qu'en songe. Dans une grande salle circulaire, où vingt lampes fumeuses jetaient une pâle et triste lumière, des objets étranges, fantastiques, indescriptibles, sans forme et sans couleur, usés, fanés, moisis, tamisés par le temps, gisaient sur le sol, couvraient les murs, s'enroulaient autour des colonnes, s'accrochaient aux corniches, se tordaient au plafond, formant des groupes bizarres, des enchevêtrements difformes, des spirales monstrueuses, et offrant une scène dont tous les cabinets d'antiquaires, tous les greniers d'usuriers juifs et tous les laboratoires d'alchimistes réunis n'auraient pu égaler l'extravagant désordre. Parmi ces poudreuses reliques, s'agitaient silencieusement des formes vagues et effrayantes d'hommes et d'animaux.

J'eus peur, je le confesse, et je songeais à gagner le large, quand un sourire de mon guide m'arrêta : « Que craignez-vous, me dit-il, ces choses-là sont mortes. » Il pénétra résolûment dans cet étrange musée, et je le suivis. Aux premiers pas que nous fîmes, d'horribles femmes accroupies jetèrent sur nous des poignées de serpents. Julien, sans s'émouvoir, en ramassa quelques-uns et me les montra. Je vis avec stupeur qu'ils étaient tous étiquetés : *Serpents de l'envie, serpents de la discorde, serpents des furies.* « Ils ont fait grand'peur à vos aïeux, me dit-il ; vous savez avec quelle terreur votre Racine en parle :

Pour qui sont ces serpents qui sifflent sur vos têtes ?

Aujourd'hui ils serviraient de jouets à vos petits enfants. »

En parlant ainsi, il faisait jouer un ressort caché sous leur ventre, et les petites bêtes tordaient leurs queues avec de petits sifflements fort mélodieux.

Près de là, d'autres femmes se baissaient et se relevaient sans cesse. C'était un mouvement alternatif de têtes qui montaient et descendaient avec une régularité automatique. « Que font-elles ? demandai-je. — Vous ne le voyez pas ? Ce sont les Danaïdes. Elles n'ont plus leurs cruches ni leur tonneau, vos poëtes les leur ont cassés ; mais elles croient les avoir encore, et cela les console. »

Plus loin, le Temps, assis, repassait sur la paume de la main une faulx ébréchée ; à côté de lui gisait une vieille horloge. Boileau, comme je l'appris de mon guide, la lui avait donnée un jour par charité ; mais depuis la mort du poëte, elle n'avait pas été remontée. Je fus étonné de voir que le vieillard n'avait pas d'ailes. « Que sont-elles devenues ? dis-je. — Les voici, » répondit Julien, et il ouvrit une grande armoire à compartiments. Dans chacun était une belle paire d'ailes avec une inscription. Je lus : *Ailes du Temps, ailes de l'Amour, ailes de l'Espérance, ailes de la Mort,* etc.

En face du Temps, trois affreuses vieilles ratatinées,

Assises bas, à croppetons,

Tout en un tas, comme pelottes,

Villon

paraissaient occupées à filer. « O bonnes Parques, leur dis-je, filez moi des jours de soie et d'or. — Elles n'auraient garde, dit mon guide. Voyez : Lachésis tourne un fuseau sans lin, et les ciseaux d'Atropos ne taillent plus que dans le vide. » Et cependant les petites vieilles, d'une voix grêle comme celle des cigales, chantaient sans repos leur éternel refrain :

Tournez, tournez, fuseaux ; filez les jours des hommes.

Au centre de la salle, j'avais dès mon entrée remarqué un grand mouvement. Je m'approchai et vis une tente à deux portes. Des hommes, deux à deux, portant qui l'épée, qui les balances de Thémis, qui d'immenses portefeuilles, sortaient par l'une et rentraient par l'autre, pareils aux douze apôtres des horloges gothiques. Achille marchait en tête de la procession. Ce va-et-vient continuel, cette ronde sans fin de personnages gravement affairés, me donnait le vertige. Je m'éloignai sans demander d'explication et m'arrêtai auprès d'un groupe formé autour du Nœud Gordien. Une vingtaine de malheureux se tordaient les ongles, se meurtrissaient les doigts, à vouloir le dénouer. Leurs traits contractés expri- maient l'effort et la douleur : la sueur coulait de leur front.

Deux héros que je pris l'un pour César, l'autre pour Alexandre, levaient l'épée pour le trancher.

Quel catalogue pourrait contenir les noms des objets rares et curieux que mon guide me montra ! Je vis les cent trompettes de la Renommée pleines de toiles d'araignées. Je vis le rocher de Sisyphe surmonté d'un beau chien à trois têtes, qui n'aboya pas à ma vue, parce qu'il était empaillé. Je vis l'Hiver grelottant auprès d'un grand foyer où flambait la bûche de Méléagre. De chaque côté les Lares et les Pénates se regardaient en bâillant. Au-dessus, entre Mars et Bellone couronnés des lauriers de la Gloire et de la Victoire, étincelait au mur une vénérable panoplie. Le casque et l'égide de Minerve, la trousse de Cupidon, son arc et ses flèches, les traits d'Hercule et sa massue de chêne, les carreaux de Jupiter, la lance d'Achille, le bouclier d'Ajax et celui d'Énée, la mâchoire de Cynégire et l'épée de Damoclès, formaient ce glorieux trophée.

IV

Je vis suspendu au plafond, en guise d'*ex-voto*, quelque chose qui avait à peu près la forme d'une nacelle.

« Qu'est-ce que cette méchante barque ? dis-je à mon guide.

— Cette méchante barque, me répondit-il, a duré plus longtemps que ne feront tous vos vaisseaux blindés et cuirassés. Au temps où votre Gaule n'était que forêts et marécages, elle passait déjà sur le lac Achéruse les morts égyptiens. Telle que vous la voyez, vermoulue, usée, percée à jour comme un crible, elle a porté Sésostris, Nocris, Aménophis, Misphragmoutosis, Osymandias et les vingt-sept dynasties. Plus tard, les Grecs l'ont empruntée aux Égyptiens, et Dieu sait l'usage qu'elle leur a fait. Depuis Pélops, qui avait une épaule d'ivoire, jusqu'à Philopémen, qui fut le dernier des Grecs, tous sont venus s'y asseoir Orphée y est monté vivant, et Thésée aussi, et Pirithoüs aussi, et Hercule aussi, mais peu s'en est fallu qu'il ne la défonçât. Des Grecs, elle est passée aux Latins. Au temps de Virgile, elle était déjà vieille et rapiécée comme un manteau de cynique. Lorsque Énée s'y embarqua, elle fit eau de toutes parts, et le héros faillit se noyer dans le Styx, ce qui eût été un grand malheur ; car il n'aurait pu venir conter ce qu'il avait vu aux enfers, et nous n'aurions pas le sixième livre de l'*Énéide*. Les Français, qui ont tout pris aux Latins, n'ont pas oublié de s'approprier la barque. Il fallait un peuple aussi téméraire que vous l'êtes pour s'aventurer à y entrer, tant elle était misérablement délabrée. Ce n'était plus une barque, mais une ombre, une idée, un fantôme de barque, et cependant elle a duré trois grands siècles encore. Ronsard le païen, celui qui immola, dit la légende, un bouc à Bacchus, y a passé. Belleau, Jodelle, Baïf, tous ceux de sa pléiade, y ont passé. Malherbe et Boileau y ont passé en grondant ; La Fontaine, Chapelle, l'abbé Chaulieu, en chantant. On entendit Racine murmurer en mourant :

Je vois déjà la rame et la barque fatale ;

J'entends le vieux nocher sur la rive infernale.

Quand Fénelon vint demander le passage, Caron lui montra le poing et le logea à la sentine. « Ah ! vous voici, l'homme au Télémaque, grommelait-il entre ses dents. J'avais bien affaire de votre Grec ! comme si ce n'était pas assez de tous ceux que j'ai passés depuis plus de trois mille ans que je travaille ! Donner une pareille besogne à un pauvre batelier qui ne demande que sa retraite ! Surcharger une vieille barque à peine assez solide pour porter de loin en loin une ombre de poëte ! Il ne tient à rien que je ne vous donne un bon coup d'aviron sur la tête, pour apprendre à vivre aux écrivains vos confrères. » Fénelon ne répondit mot ; mais, le trajet fini, il sauta lestement sur la rive et alla converser avec Sophocle et Platon sous les bosquets odoriférants.

« Un siècle plus tard, l'abbé Delille fit la traversée. Quand Virgile vit débarquer cette ombre poudrée, sautillant et portant un laurier sur sa perruque, il poussa un cri de douleur et s'enfuit dans les allées.

« Les derniers passagers furent les membres du Caveau. Ces grosses ombres pansues donnèrent à la barque le coup de grâce. Les joyeux buveurs y entrèrent avec force provisions de pâtés et de flacons ; mais au milieu du lac elle s'effondra sous le poids, au bruit des flons flons. Tout l'équipage périt ; du batelier il ne surnagea que l'aviron, et de la nacelle les débris que vous voyez »

V

Dans une chapelle latérale, à la lueur de la lanterne de Diogène, je vis un cabinet à la porte duquel je lus cette inscription : « *Toilette de Vénus.* » Sur l'invitation de mon guide, j'y pénétrai, et je faillis tomber asphyxié par l'odeur de musc qui s'en exhala. Sur des rayons poudreux (pleurez, Grâces et Amours !) traînaient la ceinture de Vénus, ses sandales dorées et sa robe transparente. En quel état, bons dieux !

Moins fanés, moins déteints, moins fripés, sont les costumes que le Carnaval enfui laissait exposés sous les galeries du Temple à la merci des brises folâtres. Pêle-mêle gisaient encore l'écharpe d'Iris, le bandeau de Cupidon, les roses de l'Aurore, avec des fioles d'ambroisie tournée et de vieux pots d'huile d'immortalité. Je fermai au plus vite cet abominable réduit.

Quand je me retournai, mon guide avait disparu. Je me trouvai seul au milieu d'une effroyable armée de monstres, et dans un tel péril que je frissonne encore d'y penser. Un cercle affreux de gueules béantes, de griffes crochues, de hures hérissées, m'entourait. La bande aboyait, grognait, hurlait, glapissait. La Chimère me montrait un vaste hiatus plein d'étoupes enflammées ; toutes les têtes de l'Hydre s'allongeaient en sifflant (Virgile n'en compte que cinquante, j'en vis bien cinquante mille ce jour-là) ; la Murène reniflait, les Centaures me lançaient des ruades, la Gorgone me faisait d'horribles grimaces, Gyas balançait sur ma tête ses cent bras armés de cent poings menaçants, tandis qu'une fourmilière de Pygmées me grimpaient aux mollets. Dans cette extrémité, je n'invoquai ni Apollon et ses flèches au long vol, ni Minerve et sa lance qui tranche les jarrets des guerriers. Je détachai de la panoplie la massue d'Hercule, et, la soulevant à deux mains, je donnai sur la troupe féroce, qui s'évanouit comme un rêve. Il ne resta sur le carreau qu'une tête de lion en faïence, un ventre de chèvre en ébène et une queue de dragon en caoutchouc. C'était la Chimère. J'en ramassai les morceaux, que je me propose d'envoyer au Muséum d'histoire naturelle, avec un long rapport qui fera du bruit dans le monde savant, si la vanité d'auteur ne m'abuse pas.

VI

Julien arriva sur le champ de bataille juste à temps pour me féliciter de ma victoire. Je dois même ajouter qu'il ne s'acquitta pas de ce devoir avec tout le sérieux que la circonstance comportait. J'acceptai ses compliments de l'air réservé d'un homme qui sent qu'on ne lui rend pas toute la justice qui lui est due. Je laissai même percer dans ma réponse quelque mécontentement ; mais il ne parut pas s'en offenser, car il tomba dans une mélancolie profonde dont il ne sortit que quand nous fûmes hors du souterrain.

Là, d'un ton grave et ému : « Vous avez vu, me dit-il, tout ce qui reste de la religion de mes ancêtres, moins que des ombres, des fantômes d'ombres ; car deux fois la mort a passé sur ces tristes images. Depuis plus de quinze cents ans elles avaient perdu la vie réelle par le triomphe du culte chrétien : la vie allégorique qui leur restait leur a été enlevée au commencement de ce siècle par l'impiété des novateurs dits romantiques. Ni moi ni mes dieux n'avons plus rien à faire chez un peuple oublieux qui ne nous connaît plus. Nous partons, nous désertons nos Thermes, nous abandonnons votre patrie à la barbarie dont nous l'avons tirée, et où son mépris pour nous va infailliblement la replonger. »

VII

Je voulais le consoler et lui dire que ses dieux n'étaient pas aussi oubliés qu'il le pensait ; que la Mythologie était encore notre religion littéraire ; que, si les enfants n'apprenaient pas la fable, en même temps que le catéchisme, dans des traités élémentaires, ils l'apprenaient dans les écoles avec Homère et Virgile ; que beaucoup de souvenirs vieillis, ou devenus ridicules par l'abus qu'on en avait fait, étaient tombés de la haute poésie dans le vaudeville ou dans la farce, mais que d'autres vivaient encore, rajeunis par des interprétations nouvelles, et fournissaient à nos écrivains des images hardies et des rapports ingénieux ; que ces novateurs eux-mêmes, dont il maudissait les réformes, étaient restés païens à leur manière, et rappelaient sans cesse le souvenir des traditions qu'ils avaient répudiées, pareils à ces athées qui ont toujours à la bouche le nom de Dieu ; mais l'ombre était rentrée sous terre sans attendre ma réponse.

De retour chez moi, je dressai de mémoire un catalogue des belles choses que j'avais vues ; et, afin d'imiter nos critiques de Salons qui mêlent dans leurs Revues le blâme et l'éloge avec une liberté profitable au public et aux artistes, j'ai joint à mon compte rendu quelques réflexions dont les personnes qui voudront descendre avec moi dans ce Musée de l'autre monde me sauront gré, j'ose l'espérer.

ABLUTIONS.

La propreté, qui est un besoin pour les peuples civilisés, est une vertu pour les barbares. Quand on voit les premiers législateurs la recommander comme une chose agréable à Dieu, et l'imposer dans leurs codes comme une pratique religieuse, on est tenté de croire que l'homme a d'instinct l'amour de la crasse et l'horreur de l'eau. La plupart des animaux craignent la fange ; on les voit consacrer à leur toilette et à celle de leurs petits le temps qu'ils ne passent pas à manger et à dormir. Pourquoi faut-il que l'homme seul, créé à l'image de Dieu, n'ait pu se résoudre à se laver que par la crainte des châtiments célestes, et qu'aux préceptes : "*Tu ne tueras point*", "*tu ne voleras point*", la loi ait dû ajouter : "*Tu te tiendras propre*" ?

Le *Lévitique* est plein de prescriptions hygiéniques présentées sous la forme de commandements de Dieu. Exemple : — Un homme qui aura les symptômes de la lèpre sera conduit devant le prêtre, qui l'examinera. Au septième jour il passera une seconde fois à la visite, et si la lèpre paraît plus obscure et si elle n'est plus répandue sur toute la peau, le prêtre le déclarera pur. Cet homme lavera ses vêtements, et il sera pur.

Dans tout l'Orient, les ablutions sont considérées comme œuvres pies. L'Indou lave dans les eaux sacrées du Gange son corps et sa conscience. Le Persan schismatique, comme le Turc orthodoxe, se croirait indigne de passer sur le pont Tchinavar, qui conduit au paradis de Mahomet, s'il n'accomplissait régulièrement les ablutions présentes par la loi du prophète.

Erreur salutaire dans les climats où les maladies de peau sont si fréquentes et deviennent si graves quand on les néglige.

A Rome et en Grèce, outre les sacrifices publics aux dieux de la patrie, il y avait dans chaque famille des sacrifices particuliers qui se renouvelaient tous les jours. Un repas, une fête, une naissance, une mort, un voyage, un retour, l'arrivée d'un hôte, d'un ami, une moisson, une vendange, une tonte de brebis, un événement heureux ou malheureux, étaient autant d'occasions de sacrifier aux divinités protectrices du foyer domestique. Or, chacun de ces actes religieux était précédé d'une ablution. On se lavait trois fois les mains dans l'eau pure, on lavait le lieu du sacrifice et les vases qui servaient à son accomplissement.

Dans Homère, Hector revenant du combat refuse le vin que lui présente sa mère. Il ne pourrait le boire sans sacrifier, c'est-à-dire sans en offrir aux dieux une partie, et il n'a pas les mains pures.

Admirons la sollicitude paternelle des anciens législateurs, qui réglaient ainsi jusqu'aux moindres actes de la vie des particuliers ; mais plaignons les peuples enfants qui avaient besoin de ces lisières.

La religion est devenue complètement étrangère à nos ablutions. Sommes-nous moins pieux que les Grecs et les Romains ? Je l'ignore, mais j'oserais affirmer que nous sommes plus propres.

ADONIS.

Beau jeune homme, aimé de Vénus, tué par un sanglier. La déesse obtint de Proserpine qu'elle ne le garderait que six mois et le renverrait à la vie pour le reste de l'année.

Mme Roland, dans le portrait qu'elle fait du Girondin Barbaroux, dit qu' "il avait la tête d'Adonis sur les épaules d'Hercule".

Quelqu'un disait de Champfort encore adolescent : "« Vous ne voyez en lui qu'un Adonis, et c'est un Hercule. »"

Il faut se défier des compliments mythologiques, dont le sens, de jour en jour moins précis, prête aux équivoques et aux interprétations fâcheuses.

Si vous dites d'un jouvenceau qui a conservé la fraîcheur et les grâces de l'enfance : « C'est un Adonis, » la métaphore peut être surannée, mais elle est innocente.

Si vous l'appliquez à un fat, elle devient une épigramme.

Je n'oublierai jamais de quel geste un bon curé de campagne me montrait, dans un groupe d'écoliers à qui il enseignait le latin, un grand dadais, frisé comme un mouton de Florian : « Voyez-vous ce godelureau ? c'est l'Adonis du village. C'est une petite peste, monsieur, oui, une petite peste, qu'un garçon qui étudie pour être prêtre et qui sent la pommade. »

Le culte d'Adonis était si répandu dans toute l'antiquité qu'il est peu de pays où l'on n'en trouve des vestiges.

A Dium en Macédoine, à Alexandrie en Égypte, on promenait en grande pompe l'image de cette divinité mystérieuse.

A Chypre, il avait un temple fameux.

Des hauteurs du Liban, coulait un ruisseau qu'on appelait Adonis et qui roulait du sang, disait-on, pendant les fêtes de ce dieu.

Les Athéniens avaient aussi leurs Adonies, pendant lesquelles ils allaient aux environs de la ville semer de l'orge et du froment, et faire des plantations d'arbres qu'ils appelaient *les Jardins d'Adonis*.

Les Assyriens l'honoraient avec des démonstrations toutes particulières : "« Ils prétendent, dit Lucien, que c'est dans leur pays qu'arriva la funeste aventure du sanglier ; aussi célèbrent-ils chaque année une fête en commémoration de cette catastrophe. On se meurtrit le corps, on pousse des hurlements, on fait des cérémonies funèbres : c'est un grand deuil dans toute la contrée. Après cette scène de coups, de larmes et de lamentations, on rend les derniers devoirs à Adonis, comme à un mort, et le lendemain on dit qu'il est ressuscité et on l'envoie au ciel. »"

Nous remarquerons plus d'une fois, dans la suite de ces articles, que la religion païenne s'altère en vieillissant. On s'attache à la forme du culte et on en oublie le sens. Les efforts des savants pour le retrouver ne font que le dénaturer davantage : les uns cherchent dans les mythes des vérités morales ou philosophiques, les autres des traditions historiques, les autres l'explication figurée des lois de la nature. Enfin les interprétations s'épuisent et les cérémonies restent.

Les philosophes s'en rient, et le peuple, étranger à leurs systèmes, continue à les célébrer sans les comprendre.

L'origine du culte d'Adonis, déjà obscure pour les anciens, exerçait la sagacité de leurs mythologues.

Ce dieu, selon les uns, représentait le germe précieux du blé qui reste six mois enfoui dans la terre, et, les six autres mois de l'année, se développe, grandit et prospère sous les regards amis de Vénus (la douceur fécondante de l'atmosphère).

Selon d'autres (et c'est l'opinion la plus probable), Adonis est l'image du soleil. Le sanglier sauvage et hérissé qui le blesse mortellement, c'est l'âpre hiver aux rudes morsures. Atteint de sa dent cruelle, l'astre pâlit, il perd ses forces et sa chaleur ; la tiède Vénus le croit mort pour jamais, elle s'exile, elle fait place à l'hiver, soir ennemi. Les hommes partagent sa douleur. Quel désespoir pour les peuples de ces lumineuses contrées d'Orient de ne plus voir le visage aimé du dieu qui leur verse à torrents la joie et la fécondité !

Ce deuil dure six mois, les six longs mois que le soleil passe sous la terre, auprès de la pâle et froide Proserpine. Enfin, il renaît plus jeune et plus souriant ; il rentre au ciel en conquérant. Vénus revient auprès de son bien-aimé, qui la vivifie de ses rayons ; les hommes se réjouissent, et la terre se gonfle d'amour sous les caresses du printemps.

Ces images sont belles, et les inventeurs de ce culte étaient de grands poëtes.

Antée.

Géant, fils de la Terre. Hercule Libyen le terrassa, mais trois fois il le vit se ranimer au contact de sa mère et reprendre une nouvelle vigueur. Le héros, pour le vaincre, fut obligé de le soulever et de l'étouffer dans ses bras.

Ce géant est l'image des peuples, qui sont toujours forts quand on les attaque chez eux. On peut les vaincre par la surprise ou par le nombre, mais pour les soumettre il faut leur ôter la vue de ce qu'ils aiment plus que la vie, de leurs maisons, de leurs champs, de leurs troupeaux, des tombeaux de leur famille, de tout ce qui est pour eux la patrie. Il faut les déraciner du sol ou les exterminer.

Que font les Assyriens pour étouffer la nation juive ? Ils la transplantent au fond de l'Asie ; ils rasent son temple, ce symbole d'unité, à l'ombre duquel ont prospéré les tribus. Et pourquoi cette race indomptable, après un si long exil, ne s'est-elle pas confondue avec la race conquérante ? Parce qu'elle a emporté dans son cœur l'image du temple, parce qu'elle le voit dans ses rêves sur les bords de l'Euphrate, *super flumina Babylonis.*

Pompée n'eut raison des pirates ciliciens, ces frères de la côte asiatique, dont les barques effrayaient les flottes romaines, qu'en les transportant dans l'intérieur des terres. Plusieurs généraux les avaient déjà châtiés ; on les croyait soumis, qu'ils sautaient dans la mer comme des poissons, et couraient à l'abordage. Il n'y eut que la charrue qui put leur faire oublier l'aviron.

Charlemagne lutta trente-trois ans corps à corps avec la Saxe, et ne la réduisit qu'en l'arrachant, comme Hercule fit d'Antée, à la terre natale. Mais, comme il est difficile de transporter un grand peuple tout entier, la patrie saxonne se releva en moins de temps qu'il n'en avait fallu pour l'abattre.

Ces exemples ne seront pas inutiles pour faire comprendre aux personnes à qui la fable est peu familière les allusions qu'elles pourront trouver dans leurs lectures ; car la poésie, l'éloquence, ont interprété ce mythe dans son vrai sens, et en ont tiré de grandes images.

APOTHÉOSE.

J'ai vu des tableaux vivants qui figuraient soi-disant des apothéoses. J'en suis sorti tout ébloui, n'y comprenant rien, mais fort curieux de savoir quel sens le public peut attacher à ce mot-là. Peut-être bien n'y en attache-t-il aucun. Voici, en tout cas, ce qu'on lui montre. Sur un fond richement éclairé, se détachent Bayard, Hercule, Jeanne Darc, Napoléon ou Christophe Colomb, tout rayonnants entre des nuages d'or. Des Anges ou des Vertus s'agenouillent autour d'eux ; une Victoire en robe blanche les couronne au milieu des fusées. Puis les torches s'éteignent ; une forte odeur de soufre et de résine remplit la salle, et l'assistance se retire, édifiée d'avoir vu une apothéose.

Il est clair que ce mot ne peut avoir aucun sens pour nous, qui n'admettons qu'un seul Dieu en trois personnes, tandis qu'il en avait un très-précis pour les anciens, qui, pouvant peupler à volonté leur Olympe, créaient tous les jours des dieux nouveaux. Une apothéose était donc chez eux un acte religieux important. C'était la canonisation d'un dieu. Un héros, un grand inventeur, le bienfaiteur d'une ville, étaient placés après leur mort au rang des divinités secondaires.

Les peuples imploraient leur médiation auprès de Zeus, le dieu suprême, comme nous implorons celle des saints du paradis auprès du Père éternel.

Plus tard, l'adulation avilit cet hommage pieux rendu à la vertu, à la bienfaisance ou au courage, en le prodiguant. Rome accorda l'apothéose à des tyrans qui auraient souillé les Gémonies. On connaît le mot de cet empereur mourant : "« Je sens que je vais passer dieu. *Sentio me fieri deum.* »"

Ne rions pas de cette coutume. Qui sait jusqu'à quels excès de flatterie nous serions descendus, si le progrès de la raison publique n'avait refroidi l'imagination des courtisans ? Déjà la superstition, en attribuant aux rois le don de guérir les écrouelles, les avait pour ainsi dire canonisés de leur vivant, et avait fait ce que n'osèrent pas les Romains de la décadence, qui réservaient aux défunts les honneurs de l'apothéose. Déjà Saint-Simon, le père de l'illustre auteur des *Mémoires*, dédiant à Louis XIII une chapelle dans son château, et La Feuillade, en entretenant un luminaire au pied de la statue du grand roi, avaient parodié l'apothéose. Déjà Bossuet, qui pourtant n'était pas un païen, s'était écrié : "« O rois, vous êtes des dieux ! »"

Il était temps que la Révolution arrêtât sur cette pente la bassesse humaine. Car, dans le silence de l'opinion, la seule barrière imposée à l'adulation, c'est le dégoût du prince, et il y a des princes peu dégoûtés !

APIS.

(Bœuf adoré des Égyptiens.) — Des personnes recommandables par leur piété assurent que la promenade traditionnelle du bœuf gras est un vestige de l'idolâtrie égyptienne, comme le carnaval est un souvenir des saturnales antiques. Si cette hypothèse est flatteuse pour le bœuf gras, dont elle fait remonter l'origine au temps des Pharaons, elle ne l'est pas pour les Parisiens, qui seraient bien fâchés de ressembler aux mangeurs d'oignons de l'Égypte. Il est dur de s'entendre traiter de païen, d'adorateur du bœuf Apis, d'Égyptien, pour tout dire, parce qu'on est allé voir passer un lauréat du concours de Poissy. Heureusement tout porte à croire que l'érudition de ces personnes recommandables par leur piété a fait fausse route, si j'ose le dire. En effet, les Égyptiens laissaient vivre leur bœuf, autant qu'un bœuf dieu peut vivre, et nous conduisons le nôtre à l'abattoir ; ils pleuraient sa mort, et nous achetons sa culotte à la livre ; ils ne pouvaient se consoler que quand ils lui avaient trouvé un successeur, et nous le mangeons à la mode ou en rotsbeef. Que les Parisiens rassurent donc leur conscience alarmée : ils peuvent continuer à faire la haie sur le passage du bœuf gras, et rester bons chrétiens comme ils sont.

ARIANE.

On appelle ainsi une femme abandonnée par son amant.

Voici des phrases qui traînent partout :

— Son Ariane en pleurs fit de vains efforts pour ramener l'infidèle. Hélas ! ses charmes avaient perdu leur empire sur ce cœur volage. (Genre fleuri.)

— Notre Ariane courait la poste à la recherche de son Thésée. (Genre roman-feuilleton et faits divers.)

— Le beau tambour partait laissant une demi-douzaine d'Arianes inconsolables de son départ, mais il s'en moquait bien. (Genre badin.)

— Le charmant désespoir de cette Ariane plaintive, ses grâces éplorées, ses belles larmes, me donnaient la tentation de devenir son Bacchus. (Mauvais genre.)

Voilà des antiquailles mythologiques que je ne m'aviserais pas de relever, si nous n'avions des gens de lettres qui écrivent de ce style, et un public qui lit ces gens de lettres. Puisque, grâce à leur plume, Ariane vit encore, racontons l'histoire d'Ariane, ou plutôt laissons la parole à Chompré, qui la racontera pour nous :

« Ariane, fille de Minos, roi de Crète. Elle fut si touchée de la bonne mine de Thésée, qui devait être la proie du Minotaure, qu'elle lui donna un peloton de fil, par le moyen duquel il sortit du labyrinthe, après avoir vaincu le Minotaure. Elle s'en alla avec lui. Mais il l'abandonna sur un rocher, dans l'ile de Naxos, où, après avoir pleuré amèrement son malheur, elle se fit prêtresse de Bacchus, qui l'épousa, et mit la couronne de cette princesse au nombre des constellations. »

Sur ce récit, je hasarde une observation dont les personnes sensibles me sauront gré, je n'en doute pas. Que Thésée ait abandonné la princesse, il était dans son droit, si Ariane avait un trop mauvais caractère ; mais qu'il l'ait abandonnée sur un rocher, c'est un peu dur, et le grave Chompré lui-même paraît, avec raison, sensible à ce manque d'égards. On aura beau objecter que presque tous les enlèvements finissent de la sorte, et que ce dénoûment est fort moral, cela ne justifie pas Thésée. Il eût été plus honnête d'attendre avec patience la fin de la traversée, ou de reconduire la princesse à ses parents, ou, si cela ne se pouvait pas, de la déposer sur quelque rive fleurie, où elle fût plus commodément assise *pour pleurer amèrement son malheur*. Mais il ne paraît pas que les anciens eussent, en fait de galanterie, les mêmes idées que les modernes.

ATLAS.

Dans les idées des anciens, le ciel étant une voûte solide, qui tournait sur nos têtes avec les étoiles que la main du grand décorateur y avait attachées, il fallait nécessairement que cette voûte eût un pivot. Jupiter chargea son fils Atlas d'étayer de ses épaules l'édifice céleste. Dans son voyage en Libye, Hercule vint en aide au géant et le soulagea quelque temps du fardeau.

On trouve dans les livres des allusions à cette fable :

— Il fallait, pour porter l'héritage d'un si grand empire, les épaules d'un Charlemagne : ses faibles successeurs fléchirent sous le fardeau.

— Le plan de cet ouvrage est vaste, la conception en est hardie, mais l'auteur n'a pas les épaules d'Hercule.

AUGIAS.

Augias. (Écuries d'Augias.) — Cet Augias fut un roi d'Elide puissamment riche, puisqu'il comptait jusqu'à trois mille vaches dans une seule de ses écuries. Mais il ne paraît pas que la litière des pauvres bêtes fût souvent renouvelée. Ce prince négligent laissa le fumier s'accumuler dans l'étable au point qu'il ne fallut rien moins qu'un Hercule pour la nettoyer.

Il semble difficile de prendre au pied de la lettre cet exploit singulier, qui transforme le héros en garçon d'écurie. Aussi l'a-t-on toujours interprété dans un sens figuré.

— Un roi qui destitue des ministres corrompus ou des juges prévaricateurs,

— Un peuple qui renverse un mauvais gouvernement,

— Un administrateur qui fait place nette dans ses bureaux,

— Un maître qui chasse des valets fainéants ou voleurs,

Nettoient les écuries d'Augias.

Ainsi entendue, cette fable est pleine de sens. Hercule purgea les états d'Augias des abus qui les infectaient. Sans doute il destitua une bonne partie des gens en place, qui rançonnaient le pauvre monde, et fit pendre le reste, pour l'exemple. Puis, la besogne faite, il fut récompensé comme tous les réformateurs. On se moqua de lui et on le mit à la porte. Augias regrettait déjà les abus, parce qu'il en avait vécu jusque-là, et qu'il ne pouvait plus vivre d'autre chose.

AURORE.

« Demain, quand l'Aurore, avec ses doigts de rose, entr'ouvrira les portes dorées de l'Orient, et que les chevaux du Soleil, sortant de l'onde amère, répandront les flammes du jour, pour chasser devant eux les étoiles du ciel, nous, reprendrons, mon cher Télémaque, l'histoire de vos malheurs. » (Fénelon.)

J'aime cette prose, encore qu'un peu traînante ; je l'aime pour la pieuse naïveté de l'imitation et pour les grâces nonchalantes du style. Il n'y a eu que ce Grec aimable, égaré dans le dix-septième siècle, pour rajeunir ainsi la vieille Aurore et rendre un dernier éclat à ses fleurs flétries pour toujours.

La Fontaine, plus enjoué, non moins fervent, badine avec les Dieux, comme Aristophane avec Jupiter, comme les auteurs des mystères du moyen âge avec la Vierge et les Saints. C'est un jeu innocent, un badinage pieux, qui n'exclut ni la foi, ni la sincérité.

Dès que Thétis chassait Phébus aux crins dorés,

Tourets entraient en jeu, fuseaux étaient tirés ;

    Deçà, delà vous en aurez.

    Point de cesse, point de relâche.

Dès que l'Aurore, dis-je, en son char remontait,

Un misérable coq à point nommé chantait.

Et ailleurs :

Elle porta chez lui ses pénates, un jour

Qu'il était allé faire à l'Aurore sa cour,

 Parmi le thym et la rosée.

Sois maudite dans la javelle, maudite dans la meule et dans le grenier, maudite dans le sillon et dans le sentier, belette injuste, vilaine belette, d'avoir osé troubler la paix du bon Jeannot, de l'honnête païen du dernier adorateur de l'Aurore, qui va tous les matins la saluer et lui faire ses dévotes ablutions ! Et puissent les descendants du pauvre solitaire, sans craindre ni meute, ni chasseurs, perpétuer son culte à l'antique déesse, fille d'Hypérion, qui, tombée de son char, n'est plus aujourd'hui que le crépuscule du matin !

BACCHANALES.

(Orgies, Saturnales.) — Fêtes de Bacchus. Les initiés, hommes et femmes, se livraient aux mêmes transports frénétiques que les Galles ou Corybantes en Asie. Ovide nous représente Procné, la fille de Pandion, errant dans les montagnes avec une troupe de bacchantes échevelées. Furieuse, elle agite son thyrse et remplit la forêt de hurlements. Cette frénésie religieuse était le prétexte de monstrueux désordres, pareils à ceux dont on a soupçonné plus tard les assemblées nocturnes des Adamites, des Manichéens, des Vaudois, des Albigeois, des Lollards, des Béguins, et de toutes les sectes condamnées à se cacher.

Aujourd'hui les bacchanales et les orgies n'ont plus rien de religieux.

Il y a une nuance entre ces deux mots, qui se prennent souvent l'un pour l'autre. Une bacchanale est une réunion de débauche, tandis qu'une orgie peut n'être qu'un souper d'amis, trop arrosé.

Dans certaines villes de province, un repas où l'on chante est une orgie. Un homme qui rentre, minuit passé, dans son logis, se livre à des orgies nocturnes, il est perdu de réputation dans son quartier.

Orgie s'emploie encore au figuré ; on dit :

« Les orgies du pouvoir.

« Les orgies de la Révolution.

« Le règne de Vitellius fut une courte orgie. »

Saturnales est plus usité dans ce sens. Les fêtes de Saturne donnaient aux esclaves quelques jours de liberté dont ils abusaient, comme d'un bien passager.

Saturnales est un grand mot, dont la chaire et le journal ont le tort d'abuser.

Bacchus.

Bacchus est le Noé des anciens. Son culte va s'étendant tous les jours sur cette planète, à laquelle il a donné la vigne pour la consoler d'être si petite. Il règne sur les collines de la Bourgogne et de la vieille Aquitaine. Quand les brouillards d'octobre rampent sous les pampres jaunis, le sang du dieu ruisselle des cuves sacrées et teint les pieds des vignerons. L'Espagne, l'Italie, la Grèce, les îles de la Méditerranée, les côtes de l'Ionie aimées du soleil, les rives fertiles du Rhin, la Crimée, s'enivrent dans ces fêtes annuelles de la douce *purée septembrale*. La froide Angleterre regarde d'un œil d'envie ces réjouissances où Bacchus ne l'a pas conviée. Mais ses vaisseaux, pour l'apaiser, lui portent des sacrifices dans toutes les parties du monde.

Il a deux sortes d'adeptes. Les uns, race bénie, boivent le plus pur de son sang pour y puiser la joie, et la santé, fille de la joie. Le dieu qui les aime leur enlumine le teint, leur rougit la lèvre et l'oreille, allume dans leurs yeux l'étincelle et dans leur esprit la flamme pétillante des bons mots.

Les autres, hérésiarques maudits, s'enivrent d'un mélange qui n'a du sang divin ni le goût, ni la couleur vermeille. Le dieu les hait ; il leur donne, pour punir leur sacrilège, une soif que les libations rallument sans cesse. Il les rend tristes, sombres, hagards ; il dépouille leur front, courbe leur corps, creuse leurs joues, fait trembler avant l'âge leurs mains et leurs genoux. Il en fait des cadavres.

C'est un de ces malheureux schismatiques que La Fontaine a dépeint dans ces vers :

Un suppôt de Bacchus

Altérait sa santé, son esprit et sa bourse.

Telles gens n'ont pas fait la moitié de leur course,

Qu'ils sont au bout de leurs écus.

CENDRES.

M. T. Cicéron au jurisconsulte Trébonius, salut.

« J'ai profité des courtes vacances que Pluton m'a données pour visiter ce Paris dont on fait tant de bruit chez les morts. Par Hercule ! je me suis cru dans Rome. Croyez-moi, cher Trébonius, ces gens-ci ne sont pas des barbares. Notre César, s'il les voyait, ne les reconnaîtrait guère. Ils nous ont emprunté nos lois et notre administration. Leur langue est à peu près la nôtre ; seulement ils en ont changé les inflexions et ont substitué un ordre qu'ils appellent grammatical à l'ordre logique, qui est celui de la pensée. Ils ont des écoles publiques, où ils apprennent le latin, comme nous apprenions le grec dans les nôtres. Leurs enfants connaissent nos institutions bien avant d'étudier celles de leur pays, et tel de leurs maîtres sait par cœur ma *Milonienne*, qui de sa vie n'a lu un orateur français. Enfin, mon cher Trébonius, vous ne sauriez croire quels efforts font ces bonnes gens pour nous imiter. Ils donnent des noms romains à leurs temples, à leurs théâtres, à leurs promenades. Ils ont un Champ-de-Mars ; ils ont des Champs-Élysées ; ils ont un Panthéon, un Odéon, un Hippodrome, un Cirque. Mais quel cirque, bons dieux ! Le dernier municipe d'Italie aurait rougi d'en élever un semblable. Chez eux, une âme héroïque est une âme romaine ; une femme au cœur viril, une romaine ; un édifice imposant, une construction romaine. Tout ce qu'ils font, disent ou écrivent, n'est bien fait, bien dit ou bien écrit, que s'il a couleur romaine. Ils jouent sur leur grand théâtre de belles tragédies romaines, où Brutus, Pompée, César, et le bon roi Tullius lui-même, débitent des maximes d'État. Je m'y suis admiré, moi Cicéron, tonnant contre Catilina. Oh ! les beaux gestes que je faisais ! Il me semble, mon cher Trébonius, que nous ne déclamions point ainsi de notre temps. Mais je ne sais pourquoi ce peuple n'a jamais pu se figurer qu'un Romain parlât simplement. L'acteur chargé de mon rôle portait assez noblement la toge et le cothurne. Je lui ai crié de ma place : "Courage, Roscius !" Vous me demanderez s'ils ont un sénat. Et pourquoi n'en auraient-ils pas, puisqu'ils ont bien des tribuns, des dictateurs, des césars, qu'ils se font un jeu de renverser et de rétablir tour à tour ? Oui, certes, ils ont un sénat et un prince du sénat, et des questeurs aussi, Jupiter me pardonne ! — "Où sont vos consuls ? leur ai-je demandé. — Ils sont tous à l'étranger, m'ont-ils répondu. — Sans doute à la tête de vos armées ? — Non, puisque nous sommes en paix." — Cette réponse m'a surpris. Je suppose que ces consuls sont des traîtres qu'ils ont exilés, et, comme leurs comices vont s'ouvrir prochainement, sans doute ils s'apprêtent à en nommer d'autres. — "Mais où est votre grand pontife ? leur ai-je encore demandé. — Il est à Rome. — Et votre Capitole ? — A Toulouse." — En vérité, mon ami, voilà une étrange nation.

« J'avais pour voisin, au théâtre, un scribe chargé de rédiger les éphémérides où sont consignés au jour le jour les actes du prince et du sénat. — "Vous ne pourrez jamais vous imaginer, Monsieur, m'a-t-il dit, combien nous sommes Romains. Les Romains ont tourné la tête à nos bons bourgeois. Ils n'aiment, ils n'admirent que ce qui est romain. Ils voudraient pouvoir tousser et cracher en Romains. L'exemple vient d'en haut. Dernièrement, un de nos princes fait construire à grands frais une maison romaine fort belle et fort incommode. Aussitôt la foule d'admirer. La fureur de l'imitation gagnant de proche en proche tous nos petits Lucullus, vous verrez dans peu les coteaux de Meudon, d'Ermenonville et de Montmorency, infectés de villas romaines, où l'on jouera des comédies en latin. Est-ce qu'on ne joue pas déjà des tragédies grecques dans nos collèges de prêtres ? Est-ce que nos professeurs ne prononcent pas des harangues latines dans nos concours annuels ? Est-ce que dans nos temples le peuple ne prie pas en latin ? Allez dans nos cimetières chrétiens, vous vous croirez sur la voie Appienne. Vous verrez de beaux cénotaphes, de beaux mausolées, surmontés de belles grandes urnes. — "Des urnes ! interrompis-je, à quoi bon, puisque vous avez renoncé au salutaire usage de brûler vos morts ? — Eh ! reprit mon scribe, ne faut-il pas que nous imitions les Romains jusqu'au delà du trépas ? Un de mes confrères en éphémérides, grand partisan de la crémation, conseille aux Parisiens de rallumer les torches funèbres. Ses lecteurs lui rient au nez. Ils veulent bien être enterrés comme de bons chrétiens, mais ils ne veulent pas renoncer à parler de leurs cendres, des cendres de leurs aïeux. Les poëtes recommandent dans des vers fort touchants leur cendre à leurs amis, puis se font enterrer comme les autres. Nous avons redemandé à l'Angleterre les cendres de notre César, qui n'a jamais été brûlé. Tous ont pu voir dans son cercueil nouveau le corps de ce grand homme ; tous cependant ont assuré qu'ils avaient vu ses cendres." — Je l'interrompis encore : "Expliquez-moi, lui dis-je, la cause de cette contradiction entre le langage et les mœurs. — C'est, me répondit-il après avoir rêvé un instant, que, de toutes les habitudes d'un peuple, les plus difficiles à déraciner sont celles du langage. Souvent les mots survivent aux choses qu'ils expriment. Ce sont des médailles usées dont le temps, chaque jour, efface l'effigie. Mais on les connaît, on y est habitué, on les conserve par esprit de routine, et pour s'épargner la peine d'en frapper de nouvelles."

« Que vous semble de cette explication, mon cher Trébonius ? Je ne la crois pas neuve, car, si j'ai bonne mémoire, vous me fîtes un jour à Tusculum à peu près la même réflexion. Il y a environ dix-neuf cents ans. Vous en souvenez-vous ?

Adieu. »

CENTAURE.

Synonyme de cavalier.

Ne pas confondre avec Stentor.

Ce mot ne s'emploie plus guère sérieusement en prose, mais en poésie il figure encore assez dignement.

Centaure impétueux, tu pris sa chevelure

      Et montas botté sur son dos.

Les Centaures étaient des monstres moitié hommes, moitié chevaux. On les croyait originaires de Thessalie.

Il y en avait deux espèces : les hippocentaures ou hommes-chevaux, et les onocentaures ou hommes-ânes.

Ces êtres biformes avaient-ils existé ? L'antiquité était fort partagée sur cette question, et il faut avouer que le cas était grave.

Car, d'un côté, des personnages pieux et orthodoxes, qui croyaient aux prodiges, comme Xénophon et Plutarque, n'en parlaient qu'avec une extrême circonspection.

Des philosophes et des historiens considérables, comme Cicéron, Sénèque, Héraclite, Platon, Diodore, Lucien, Artémidore, se montraient d'un scepticisme désolant.

Lucrèce prouvait éloquemment que deux natures aussi différentes que celles de l'homme et du cheval ne peuvent cohérer et former une seule et même existence.

Ovide, après les avoir chantés, n'avait pas honte de déclarer ouvertement, dans une lettre à un ami, qu'il n'y croyait pas. Voilà bien les poëtes !

Galien n'entendait pas raillerie sur ce chapitre. Non content de démontrer par raisons physiques et philosophiques l'absurdité de ce qu'il appelait un conte, il prenait les croyants à partie et les poussait vigoureusement dans la personne du poëte Pindare, qui faisait descendre les Centaures d'un nommé Centauros et des cavales de Magnésie. — Ami Pindare , réserve tes histoires pour une autre fois, quand nous aurons le loisir de les entendre. Tu veux ébahir tes auditeurs et leur faire ouvrir de grands yeux, c'est bien, tu fais ton métier de poëte. Mais nous, ce ne sont pas des fables que nous voulons, c'est la vérité. — Hâtons-nous d'ajouter que Galien était médecin, et que l'opinion d'un matérialiste, si fondée qu'elle puisse paraître, ne doit jamais être acceptée qu'avec une grande réserve.

Toutes ces autorités étaient bien faites pour ébranler la conviction dans les âmes faibles. Néanmoins les partisans des Centaures ne se tenaient pas pour battus ; ils avaient pour eux la tradition, Homère, Pindare, Virgile, tous les poëtes, et plusieurs siècles de foi absolue aux Centaures.

L'empereur Claude affirmait, dans un écrit cité par Pline, qu'en Thessalie, il en était né un, qui était mort le même jour ; et qu'est-ce que pèse le témoignage d'un philosophe ou d'un médecin auprès de celui d'un empereur ?

Pline, sous le même prince, en avait vu un autre apporté d'Égypte et conservé dans du miel.

Pline, qui l'avait vu, ne le décrivait pas ; mais Phlégon, un historien du deuxième siècle, qui ne l'avait pas vu, le décrivait, et mieux peut-être que s'il l'avait vu. "— Né en Arabie, dit-il, et envoyé en Égypte, il y était mort de nostalgie. Le préfet d'Égypte avait fait saler le corps et l'avait envoyé à Rome, où les curieux pouvaient le voir exposé dans le palais de l'empereur. Sa mine était extrêmement farouche, ses mains et ses doigts étaient velus. Ses flancs se joignaient aux jambes de devant et au ventre. Il avait les sabots du cheval, les cheveux tirant sur le roux et légèrement cendrés, comme sa peau. Sans être petit, il n'avait pas la taille qu'on donne ordinairement aux Centaures. "

Fréret, qui discute ce témoignage, incline à soupçonner le préfet d'Égypte de supercherie. Nous laissons à nos lecteurs à décider si l'insinuation de Fréret contre ce haut personnage n'est pas un peu hasardée.

Les critiques qui pensent avec raison que les erreurs populaires ont toujours quelque fondement réel, et qui, au lieu de les rejeter dédaigneusement, cherchent à les expliquer, s'accordent à conjecturer que les Thessaliens, ayant été les premiers en Grèce à dompter les chevaux et à s'en servir pour la guerre, inspirèrent aux autres peuples une terreur qui donna lieu à la fable des Centaures.

Cette explication paraîtra très-naturelle si on se rappelle la naïve surprise des Indiens à la vue des cavaliers espagnols. Supposez que les Européens eussent abandonné le Nouveau-Monde après une première apparition, la fable des Centaures prenait rang dans la mythologie américaine.

Sans aller jusqu'en Amérique, chacun connaît l'exclamation d'une bonne femme de village, qui voyait un dragon descendre de cheval à sa porte : « *Jesus Maria* ! est-il possible ! Ça se démonte ! »

Cerbère.

Tant que les Grecs ne regardèrent l'Enfer que comme un grand trou noir où les ombres s'agitaient insensibles, une sorte de dortoir des âmes, Cerbère fut un simple chien de garde veillant à l'entrée du trou. Mais quand ils firent de la cité d'en bas une image des cités d'en haut gouvernées par des lois, quand ils y établirent des magistrats, juges en dernier ressort des bons et des méchants, Cerbère monta en dignité. De portier, il devint exécuteur des sentences du tribunal suprême. Auparavant, il avait pour seule fonction de mordre les ombres qui tentaient de s'évader ; il partagea avec les Furies l'honneur de torturer les condamnés. Il les broya sous ses dents et les mit en quartiers. Et comme la livrée ordinaire d'un chien ne semblait pas assez imposante pour inspirer la crainte et le respect, on lui trouva un costume plus en rapport avec ses nouvelles fonctions. D'un dogue on en fit un dragon, que chaque poëte se plut à embellir. D'abord on agrandit sa loge, qui se changea en un antre profond et ténébreux. On lui donna trois têtes et trois gueules béantes. Ces trois gueules ne suffisant pas à sa tâche toujours croissante, on les éleva au nombre de cinquante, puis au nombre de cent. On l'attacha avec une chaîne dont les anneaux étaient des vipères. On lui mit des vipères sifflantes sur la tête et sur tout le corps. Enfin une belle queue de dragon compléta sa métamorphose. Ainsi fait, Cerbère ne laissa pas d'être un geôlier assez présentable.

On appelle de nos jours Cerbères les gardiens ou gardiennes de prisons, de collèges, de pupilles à marier, et en général tous les portiers revêches.

CÉRÈS.

Cérès, la personnification de la Terre féconde, a deux époux : Jupiter, c'est-à-dire l'Atmosphère, qui la fertilise de sa chaleur et de ses ondées, et Neptune, c'est-à-dire la Mer, qui l'enveloppe de ses bras immenses.

Elle a une fille, Proserpine, le Germe du blé, que Pluton lui ravit, Pluton, la Puissance mystérieuse qui élabore les semences dans les entrailles de la terre.

La malheureuse mère se met à la recherche de sa fille, et, déguisée en vieille femme, une torche à la main, parcourt tout l'univers.

A cette époque, les hommes, encore barbares, menaient une existence affamée, secouant les glands des chênes et arrachant aux halliers leurs baies sauvages, nourriture précaire et misérable. Cérès a pitié de leur misère. Dans ses courses errantes elle va frapper à la porte d'une pauvre cabane.

Mais je laisse ici parler la tradition antique. Elle a conservé, même sous la plume d'Ovide, un païen sceptique du siècle d'Auguste, je ne sais quel parfum de grâce naïve qui rappelle de loin la simplicité touchante de nos vieilles légendes chrétiennes :

« Le vieux Célée rapportait au logis des glands, des mûres tombées des buissons et du bois mort pour son foyer.

« Sa fille, une enfant, ramenait des champs ses deux chèvres : un garçon au berceau restait malade à la maison.

« — Ma mère, dit la petite fille (et ce nom de mère alla au cœur de la déesse) que fais-tu seule parmi ces rochers déserts ?"

« Le vieillard aussi s'arrêta, tout chargé qu'il était, et offrit à l'étrangère l'abri de sa cabane, si humble que fût le gîte.

« La déesse refuse. Elle avait pris la forme d'une vieille femme, une mitre emprisonnait ses cheveux. Aux instances du bonhomme elle répond ainsi :

« — Retire-toi en paix. Tu es père, puisses-tu l'être toujours ! Moi, je n'ai plus de fille, on me l'a prise. Ah ! que j'échangerais volontiers mon sort contre le tien !"

« Elle dit, et quelque chose de tiède et de brillant comme une larme (car les dieux ne pleurent point) glissa de ses yeux sur sa robe.

« La fille et le père, cœurs charitables, pleurèrent avec elle, et voici comment le bon vieillard parla :

« — Cette fille qui t'a été volée et que tu pleures, puisse-t-elle t'être rendue ! Lève-toi et ne méprise pas le pauvre asile de ma chaumière."

« — Conduis-moi, dit la déesse, tu as trouvé le secret de me persuader." — Et quittant la pierre où elle était assise, elle suit le vieillard.

« Tout en cheminant, le bon homme conte à sa compagne comment son fils est malade, comment il a perdu le sommeil et comment la fièvre tourmente ses longues nuits.

« Avant d'entrer sous l'humble toit, la déesse cueille dans la prairie sauvage des pavots calmants et soporifiques. Entrée, elle trouve la maison pleine de deuil ; déjà on croyait l'enfant perdu sans ressource.

« Elle salue la mère (c'est Métanira qu'on appelait la bonne femme), elle ne dédaigne pas de poser ses lèvres sur celles du malade.

« La pâleur aussitôt disparaît, les forces raniment soudain ce faible corps, tant le souffle d'une déesse a de puissante vertu !

« Toute la maison est dans la joie, toute la maison, dis-je, c'est-à-dire le père, la mère et la petite fille, car à eux trois ils composaient toute la maison. »

Cet enfant devait être un jour Triptolème, l'inventeur de la charrue, un des premiers précepteurs du genre humain. Cérès l'éleva, lui enseigna l'art d'ensemencer le blé et lui donna un char attelé de dragons, afin qu'il pût porter dans tout l'univers le bienfait qui allait en renouveler la face.

La déesse enfin retrouva sa fille, et Pluton consentit à la lui rendre, mais à condition qu'il la garderait six mois : le reste de l'année elle appartiendrait à sa mère. Fiction charmante, qui explique poétiquement l'éternel mystère de la fécondation et du développement de la tige nourricière. Six mois le grain précieux du blé reste enfoui dans le sillon, puis il apparaît à la lumière : la terre s'en réjouit, et, triomphante, étale au soleil ses moissons, comme une reine son long manteau d'or.

Partout les peuples reconnaissants ont joyeusement fêté leur divine nourrice. L'Égypte l'adorait sous le nom d'Isis, et lui attribuait non-seulement la culture du blé, mais l'établissement des premières lois, principes de sa civilisation.

La grasse Sicile, mère inépuisable des riches moissons, se vantait d'être le berceau de la déesse : c'est dans les plaines d'Enna, au cœur même de l'île, que Proserpine avait été surprise par Pluton ; c'est aux feux de l'Etna qu'avant de commencer ses recherches sa mère avait allumé son flambeau ; c'est près de Syracuse qu'elle avait découvert enfin le secret de l'enlèvement.

A Athènes, de longues processions en l'honneur de Cérès, appelées Thesmophories, étaient conduites par un chœur de jeunes vierges couronnées de pampre et portant les livres sacrés sur leurs têtes.

Mais la ville pieuse entre toutes était Eleusis. Là, des prêtres, pris dans les premières familles athéniennes, enseignaient à de nombreux initiés les mystères de la bonne déesse. Mais les dogmes révélés ne devaient pas sortir du sanctuaire : de terribles serments imposaient aux adeptes la discrétion la plus rigoureuse, et, pour parler comme le poëte, *"leurs lèvres étaient fermées avec une clef d'or"*.

Je ne voudrais pas contrister les ombres pieuses de MM. de Maistre, de Bonald et de Châteaubriand, ni faire de la peine à ce bon abbé Gaume, que je respecte infiniment ; mais je suis forcé d'avouer que leur croisade littéraire a misérablement échoué, et que notre siècle, qui a pourtant lu le *Génie du Christianisme*, semble être resté païen comme s'il n'avait lu que le *Télémaque*.

C'est Cérès qui m'inspire cette triste réflexion.

Car à Douai, la mère-patrie des belles cavalcades, je l'ai vue, la blonde déesse, portée triomphalement sur le char de l'Agriculture, au milieu d'une foule de païens, tous baptisés comme moi. C'était un spectacle à navrer ceux qui n'aiment que la poésie des cloches. Elle portait la gerbe et la couronne d'épis ; ses boucles blondes ruisselaient sur sa chlamyde à l'agrafe d'argent. Quatre bœufs aux cornes dorées, destinés sans doute au sacrifice, traînaient le char emblématique, suivi du chœur des paysans.

A Amiens, je l'ai revue plus tard, mais triste et grelottant sous sa robe bleu d'azur. Il pleuvait fort ce jour-là, et Cérès avait l'onglée.

A Lille, même spectacle, même char traîné par les mêmes bœufs ; même Cérès agitant la même gerbe. Bacchus se tenait auprès d'elle, assis sur un tonneau de bière, et les pieds sur des betteraves.

Cela n'est ni chrétien, ni nouveau, ni d'une imagination bien riche, j'en conviens ; mais cela parle aux yeux, cela est compris du peuple, qui aime les images sensibles et qui est resté païen quand il s'agit de cérémonies publiques. Mettez-vous à la place des ordonnateurs de ces fêtes, et essayez de symboliser autrement l'Agriculture. A moins de promener une abstraction sur un nuage, il faudra bien que vous en reveniez à l'éternelle Cérès, à son char et à ses emblèmes. Comment amuserez-vous la foule si vous ne personnifiez pas ses idées, et quelles personnifications trouverez-vous qui soient plus vivantes qua celles des Grecs ?

CHARYBDE ET SCYLLA.

C'était vraiment une mer merveilleuse et redoutable que la Méditerranée. Toutes ses côtes étaient peuplées de prodiges ; tous ses écueils cachaient des mystères, et chaque coup de rame des matelots réveillait une divinité monstrueuse endormie sous ses vagues bleues.

Nous admirons justement les navigateurs qui ont ouvert par le Cap la voie des Indes, exploré les côtes de l'Amérique, découvert les îles de l'Océanie ; nous admirons encore ceux qui osent aujourd'hui s'engager dans les glaces des mers australes. Je ne veux pas rabaisser leur gloire, mais les premiers avaient la boussole et de grands navires à voile ; ceux de nos jours ont la vapeur, des cartes bien faites, des journaux qui les célèbrent, des sociétés savantes qui les encouragent, et une âme au-dessus de la superstition. Ils n'affrontent que des dangers connus, ils n'ont pas à redouter, à tous les parages nouveaux qu'ils signalent, d'échouer contre un écueil vivant ou de jeter la sonde sur un dieu.

Combien étaient plus hardis et plus dignes de notre admiration les premiers pêcheurs qui passèrent sur une barque le détroit de Sicile ! Ils n'avaient pas seulement à braver les courants et les bourrasques si fréquentes dans ces encaissements de la mer : deux femmes, deux déesses, Charybde et Scylla, leur barraient le passage. Assises toutes deux non loin de la côte, l'une en face de Messine, l'autre en face de Rheggio, elles exerçaient impitoyablement le droit d'épaves sur tout bâtiment que le vent leur amenait. Scylla, en vigie sur son rocher, signalait-elle une voile à l'horizon, elle prévenait aussitôt Charybde, cachée à ses pieds sous la mer :

« Prépare-toi, ma sœur, les voici. » Aussitôt Charybde bondissait en tournoyant dans la mer bouillonnante et faisait aboyer tous ses chiens. A ce bruit les matelots étaient pris de vertige, et d'étranges visions passaient sous leurs yeux. Ils voyaient la sombre déesse s'avancer en traînant la meute hurlante attachée à sa ceinture. Déjà elle étendait contre eux ses six longs cous prêts à les envelopper comme des couleuvres, et ouvrait sa gueule béante, armée d'une triple rangée de dents aiguës et serrées, *"d'où ruisselait continuellement la mort ensanglantée"*[1]. Plus loin, Scylla, la tête cachée, sous la verdure d'un figuier sauvage, les guettait, immobile et prête à les saisir s'ils échappaient à sa sœur.

Aujourd'hui Charybde et Scylla ne font plus même peur aux barques des pêcheurs napolitains. — Charybde, dit la géographie, est un tourbillon qui n'est guère sensible que quand les courants du nord et du sud viennent à se rencontrer. Il remonte et descend à peu près toutes les six heures. — Au temps d' Homère ses mouvements étaient aussi réguliers, mais plus fréquents. "« Trois fois par jour, dit " le vieux poëte ", Charybde boit l'eau noire de la mer, et trois fois elle la vomit. »"

Scylla est un écueil à peu près inoffensif.

Les deux sœurs du détroit ont perdu jusqu'à leur nom. Scylla s'appelle La Rema, et Charybde, Calofaro. De leur prestige divin et de leur terrible réputation il ne reste plus qu'une métaphore : — « Tomber de Charybde en Scylla », — et encore est elle si usée, si banale, qu'un homme qui se respecte n'ose plus l'employer sérieusement.

CERVEAU DE JUPITER.

Lucien est un auteur grec de beaucoup d'esprit, mais à qui on a fait trop d'honneur en le comparant à Voltaire. Il nous a laissé des dialogues pleins de malice, où il s'égaye sur le compté des dieux avec une liberté qui nous semble irrévérencieuse, mais dont les anciens ne paraissent pas s'être offensés. J'en traduis un à l'intention des personnes qui, ne connaissant pas la fable, pourraient s'étonner de rencontrer des phrases comme celles-ci :

« En 1789, la Révolution sortit tout armée du cerveau de la nation. »

« La strophe sort tout armée du cerveau de nos lyriques modernes. »

« Joseph II eut la douleur de survivre à ses réformes. Il devait en être ainsi, car un système complet et durable d'institutions sociales ne sort pas tout armé d'une seule tête. Il est l'œuvre du temps et des générations, etc., etc. »

Vulcain. — Jupiter.

Vulcain. — J'attends vos ordres, Jupiter, que dois-je faire ? Vous serez servi à souhait. Voici une bonne hache affilée et capable de fendre une pierre d'un seul coup.

Jupiter. — C'est bien, Vulcain. Il faudra m'ouvrir la tête en deux.

Vulcain. — Est-ce que vous voulez m'éprouver, ou si vous avez perdu l'esprit ? Voyons, dites pour tout de bon ce que vous voulez qu'on vous fasse.

Jupiter. — Je veux ce que je t'ai dit, que tu me fendes le crâne. Tu me connais. Tu sais ce qu'on gagne à me désobéir. A l'œuvre donc ! Et vas-y de tout cœur, sans y regarder à deux fois. Car j'ai d'affreuses douleurs qui me retournent la cervelle sens dessus dessous.

Vulcain. — Prenez-y garde, Jupiter. La hache coupe bien et il y aura du sang. L'enfantement sera douloureux.

Jupiter. — Frappe seulement, Vulcain, et n'aie pas peur. Est-ce que je ne suis pas d'âge à savoir ce qui m'est bon ?

Vulcain. — Soit, je frapperai donc, puisque vous le voulez, mais ce sera malgré moi. Comment désobéir, quand Jupiter commande ! (*Il frappe*.) Oh ! qu'est ceci ? Une jeune fille ![2]. Ah ! mon père, vous aviez là dans la tête quelque chose de bien mauvais. Je comprends qu'on soit maussade quand on a sous la méninge une grande fille comme cela, et armée de pied en cap encore ! C'était un vrai camp que votre cervelle, sans que vous vous en doutiez. Bon ! la voilà qui se met à sauter ; elle danse la pyrrhique, elle agite son bouclier, elle brandit sa lance, elle se démène comme une possédée. Le plus beau du miracle, c'est qu'en un instant elle est devenue jolie tout à fait et bonne à marier. Elle a bien un peu les yeux pers, mais avec un casque cela lui fait pas mal. Voulez-vous me payer de ma peine ? Donnez-la-moi en mariage.

COMUS. VENTRE.

Ce n'est qu'au déclin du paganisme, quand l'ignorance eut perverti le vrai sens des traditions, et que la corruption des mœurs eut divinisé les passions, et même les appétits les plus grossiers des hommes, que Comus devint le type et la personnification de la . Car il est certain que l'intention des fondateurs de son culte n'était pas qu'il fût un jour le patron des Apicius et des Aigrefeuille. Ils avaient voulu déifier en lui le premier moteur de l'activité humaine, le Ventre, ce maître ès arts, ce père de l'Invention :

Magister artis, ingenique largitor, venter.

Celui que Rabelais appelle révérencieusement Messer Gaster, comme qui dirait : Monsieur de la Panse.

Le même Rabelais fait un magnifique éloge de l'influence civilisatrice de ce dieu, dont on peut dire que tous les autres sont sortis.

Il le représente "« assis à côté de dame Pénie (Pauvreté), autrement dite Souffreté, mère des neuf Muses, en compagnie de Porus, Seigneur de Abondance, dont nous naquit Amour, ce noble enfant, médiateur du ciel et de la terre. » "

Quelle admirable mythologie ! Comme cela est clair, sensé, philosophique ! La souffrance physique, la faim, nous stimule au travail ; le travail produit la richesse ; au sein de la richesse s'éveille l'Amour, qui chez les peuplades misérables, souffreteuses et affamées, n'est encore qu'un besoin bestial.

L'amour est la grande loi d'attraction, qui crée par le mouvement l'harmonie sociale. Remontez maintenant à la source de cette belle filiation : — L'Amour naît de l'Abondance, l'Abondance du Travail, le Travail de la Faim.

Malheureusement le sens primitif de cette tradition si sensée, si philosophique, ne tarda pas à s'altérer. Comus cessa d'être le principe de l'activité humaine et devint le type de la sensualité, la personnification du ventre, le dieu de la ripaille. La table fut son autel et ses prêtres furent les gourmands. On le représenta jeune, la face enluminée de vin, le front couronné de roses. Ainsi transformé, ou plutôt défiguré, jugez s'il eut des fidèles. On peut dire que les siècles malheureux de la décadence de Rome ne furent qu'un long sacrifice à cette idole.

Il a eu chez nous ses adorateurs et même ses poëtes. Brillat-Savarin et Berchoux, l'un en prose, l'autre en vers, ont tracé aux initiés les règles de son culte. Les membres du caveau l'ont fêté longtemps au son des verres et des refrains bachiques. Aujourd'hui du caveau il ne reste plus guère qu'un souvenir, et toute cette gaîté d'autrefois nous paraît aussi triste qu'un souper refroidi.

Rabelais nous donne une caricature amusante de Comus dans la personne du dieu Manduce, le patron des goinfres, ou, comme il les appelle lui-même, des gastrolâtres : "« C'estoyt une effigie monstrueuse, ridicule, hideuse et terrible aux petits enfants, ayant les œilz plus grands que le ventre et la teste plus grosse que tout le reste du corps, avecques amples, larges et horrificques machouères bien endentelées, lesquelles il faisoyt l'une contre l'autre terrificquement clicqueter. » "

Cygne.

Hymne.

« Tels, sur les bords de l'Hèbre, les cygnes, mêlant leurs voix à leurs battements d'ailes, chantent en chœur l'hymne sacré d'Apollon.

Le divin concert s'élève et monte par delà les nuages célestes. Tous les êtres de la terre sont comme frappés de stupeur. Les vents calmés éteignent jusqu'au dernier murmure de la vague assoupie. L'Olympe entier résonne, et les princes immortels qui l'habitent sont ravis en extase, et les Grâces et les Muses, filles de l'Olympe, répondent à ces accents. »

(Aristophane.)

On comprend que le lion soit l'emblème de la force et du courage, comme l'agneau est celui de la douceur.

« Ce grand prince, qui ne put voir égorger ces lions comme de timides brebis, calma les courages émus. »

(Bossuet.)

Voilà une image parfaitement juste, comme toutes les images populaires.

On comprend aussi que l'aigle au vol sublime soit l'emblème du génie.

Mais pourquoi dit-on le cygne de Cambrai, le cygne de Mantoue ? Qu'ont de commun Fénelon et Virgile avec le muet parasite des jardins ?

Les mythologues répondent que le cygne était l'oiseau d'Apollon, qui lui avait accordé le don de prophétie. Ils ajoutent qu'à ses derniers moments l'oiseau poétique faisait à la vie des adieux touchants et harmonieux ; qu'à la vérité il ne chante ni ne prophétise plus aujourd'hui, mais que des anciens dignes de foi l'avaient entendu ; que Pline les a crus sur parole ; que Schiller, dans une de ses ballades, paraît penser comme Pline et comme les anciens ; qu'enfin les modernes ne manquent jamais de comparer au chant du cygne le dernier chant d'un poëte.

Ces raisons sont concluantes. Mais, disent les critiques, qui veulent se rendre compte de tout, si le cygne est en possession de représenter la douceur du style et la tendresse des sentiments, pourquoi Racine n'est-il pas le cygne de la Ferté-Milon, comme Fénelon est le cygne de Cambrai ?

On leur répond que l'usage est l'arbitre souverain du langage, et que, si on a donné ce titre à Fénelon, c'est pour l'opposer à l'aigle de Meaux, son rival.

Passe pour Fénelon. Mais puisqu'il est bien avéré que les cygnes ont perdu le don du chant, renonçons, jusqu'à ce qu'ils l'aient recouvré, à une vieille image dont le peuple est obligé de demander l'explication aux savants.

ÉPÉE DE DAMOCLÈS.

Je range parmi les fables l'histoire de cette épée, non parce que je tiens pour faux tout ce qui est invraisemblable, mais parce que je me méfie du génie inventif des peuples grecs. Certes, j'ai lu l'histoire des Républiques italiennes du moyen âge, et je sais trop combien leurs affreux petits tyrans étaient raffinés dans le choix des supplices, pour révoquer en doute l'imagination de Denys de Syracuse en ce genre ; mais les Grecs, de leur côté, n'étaient pas moins ingénieux. Ils mêlaient sans scrupule la fiction à l'histoire et ne-se faisaient pas plus faute d'exagérer les crimes de leurs tyrans que les vertus de leurs grands hommes. Il se peut donc qu'ils aient prêté des cruautés à Denys, comme ils ont prêté des soldats à Xerxès. Les en blâmera qui voudra, je n'ai pas ce courage, et je crois même que notre sévérité scrupuleuse, qui n'admet que ce qu'elle a passé au crible de la critique, altère encore plus la beauté morale de l'histoire que les légendes populaires n'en altèrent l'authenticité.

Vraie ou fausse, voici la tradition de Damoclès. J'en emprunte le récit à Cicéron, et le lecteur m'en saura gré. Je lui donne le tableau d'un maître.

— « Un jour un des flatteurs de Denys, s'entretenant avec ce prince, lui faisait un tableau pompeux de sa puissance, de ses trésors, de la majesté de son règne, de l'abondance où il nageait, du faste opulent de sa demeure royale. Jamais, à l'entendre, mortel au monde n'avait été plus heureux. "Eh bien, Damoclès, mon ami", lui dit le tyran, "puisque mon existence te paraît si enviable, te plairait-il d'en goûter ? Je t'en propose l'essai". Damoclès accepte. Aussitôt le maître fait installer notre homme sur un beau lit d'or, chargé de somptueux coussins et tendu d'une housse toute rehaussée de superbes broderies. L'argenterie, l'or ciselé, étincellent sur les buffets. Devant la table, une troupe de jeunes esclaves, choisis parmi les plus beaux, ont l'ordre de se tenir debout, prêts à le servir et attentifs à ses moindres gestes. Partout des parfums, des couronnes ; les fins aromates brûlent dans les cassolettes ; la table se couvre des mets les plus exquis. Damoclès s'estimait le plus heureux des hommes. Mais voilà qu'au milieu de ce splendide appareil, une épée étincelante, suspendue au plafond par un crin de cheval, s'abaisse et vient menacer la tête de l'heureux convive. Dès lors, il n'a plus de regards pour les beaux esclaves, pour le fin travail de l'argenterie ; sa main ne se porte plus vers les plats ; les couronnes même tombent flétries de sa tête ; enfin il supplie le tyran de lui permettre de s'en aller ; il proteste qu'il a assez de ce bonheur-là, que c'est fini, qu'il n'en veut plus. »

Vous tous qui lisez ce récit, prenez garde : elle vous menace cette terrible épée de Damoclès. La convoitise, l'ambition, la crainte, l'espérance, sont les tyrans qui la tiennent attachée ; les hasards de la vie forment le fil imperceptible qui la supporte et la tiendra suspendue sur vos têtes, toujours menaçante, toujours prête à tomber, jusqu'à ce que la mort vienne enfin le trancher de ses mains secourables.

On a tant abusé de ce souvenir de Damoclès, qu'il est bien difficile aujourd'hui d'en tirer un parti sérieux dans le discours. On se rappelle qu'au moment où la guerre de Crimée était près d'éclater, le monde entier avait les yeux sur l'ambassadeur de Russie, M. de Kisseleff. On épiait l'attitude de ce diplomate ; on tirait des conjectures de ses démarches les plus simples, de ses propos les plus indifférents, de l'expression même de son visage. Partira-t-il ? Ne partira-t-il pas ? Fait-il ses malles ? Ne les fait-il pas ? Ce fut pendant huit jours la grande, l'unique question répétée en chœur par le public et par toute la presse. Et à ce propos, un journal disait plaisamment que la malle de M. de Kisseleff était l'épée de Damoclès de l'Europe.

Dédale.

Un grand inventeur, celui-là ! On lui doit, dit-on, la doloire, le fil à plomb, la colle, la vrille, la roue de potier et la scie.

Il naquit à Athènes, et Minerve, la patronne de la ville, lui enseigna elle-même l'art de bâtir et de sculpter sur bois. Avant lui, les Grecs faisaient déjà des statues, ou plutôt des ébauches de statues, œuvres grossières et informes, blocs à peine dégrossis, sans regard et sans expression. Dédale, le premier, anima ces représentations de la forme humaine ; il leur donna des yeux, il dégagea les bras du corps, il sépara les jambes, il fit agir et marcher les statues.

On voyait encore, au temps de Pausanias, des images de bois attribuées au vieux maître. "Elles manquaient, dit cet auteur , de fini et de perfection, mais, sous leur rudesse primitive, perçaient le génie de l'ouvrier et la majesté auguste des types divins qu'il avait voulu créer."

Dédale fut le Giotto d'Athènes. Son siècle marque en Grèce l'éveil de tous les beaux-arts. Il rompit avec les procédés artificiels de la vieille sculpture égyptienne, comme le Florentin plus tard avec les traditions byzantines. Il fut le père d'une école d'où sortirent des hommes illustres : Onatas, fils de Mycon ; Agéladas l'Argien, Damophon de Sicyone, Arcésilas de Chio, et d'autres encore, qui furent les glorieux précurseurs de Phidias.

Jaloux d'un de ses élèves qui promettait de l'égaler et peut-être de le surpasser, il s'en défit, comme certains artistes italiens du xvie siècle se délivraient de leurs rivaux. Après ce meurtre, il se réfugia en Crète, auprès du roi Minos, qui lui fit un accueil empressé.

Là il éleva une belle prison pour enfermer le Minotaure, issu de Pasiphaé, femme de Minos, et de Taurus, capitaine des gardes.

Cette prison était une sorte de jardin anglais, plein d'allées, de contre-allées, de sentiers inextricables, de surprises habilement ménagées pour charmer la captivité d'un prisonnier d'État de si haute distinction.

A peine eut-il achevé ce grand ouvrage qu'il perdit la faveur du roi et fut condamné à passer le reste de sa vie dans la prison même qu'il avait construite. Quel crime avait-il commis ? S'était-il mêlé de quelque intrigue de palais ? Des envieux l'avaient-ils calomnié, ou l'indépendance et la fierté de son génie avaient-elles déplu à la cour ? On l'ignore, et la légende est si obscure en cet endroit qu'on est réduit aux conjectures. S'il m'est permis de donner la mienne dans une question aussi difficile, je penche à croire que l'Athénien, soit regret de sa belle patrie, soit inquiétude naturelle de caractère, ne tarda pas à s'ennuyer dans son exil ; que, las de l'hospitalité crétoise, il demanda la permission d'aller respirer ailleurs un air moins épais, et que le roi Minos, jaloux de conserver un si grand homme, le retint de force dans ses États.

Quoi qu'il en soit, Dédale, devenu le compagnon de captivité du Minotaure, ne perdit pas son temps à se plaindre ; il songea à s'évader. Il fit deux belles paires d'ailes, mécanisme ingénieux de "*rames aériennes*"[3], qu'il adapta avec de la cire à ses épaules et à celles de son fils Icare, et, sur cet appareil flottant, les deux fugitifs prirent leur essor vers les côtes de Sicile. On sait quelle fut la funeste issue de ce voyage aventureux. Icare, avec la présomption de son âge, éleva trop haut son vol vers les cieux ; le soleil fondit la cire de ses ailes ; il tomba et se noya dans la mer Égée. Grande leçon donnée aux ambitieux ; mais nous ne voyons pas qu'elle en ait jamais corrigé aucun.

Ici se présentent deux traditions. L'une fait aborder Dédale en Sicile. Les habitants de cette île le reçurent avec transport et le défendirent contre Minos, qui vint le réclamer à la tête d'une grande flotte.

L'autre, adoptée par Virgile, veut qu'il soit descendu en Calabre, sur les rochers de Cumes, et qu'il y ait élevé un temple en l'honneur d'Apollon : "« Deux fois, dit le poëte , il essaya de graver sur les portes d'or du sanctuaire la fin tragique de son fils ; deux fois le ciseau de l'artiste s'échappa des mains tremblantes du père. »"

Entre toutes les œuvres de Dédale, celle qui est restée la plus fameuse, c'est le jardin de Crète, appelé Labyrinthe ou Dédale, du nom de l'inventeur.

On dit : Je m'engageai dans un labyrinthe de rues tortueuses.

— J'eus peine à sortir de ce dédale sans issue.

L'emploi de ces termes mythologiques est plus fréquent dans le sens figuré :

— Se perdre dans l'obscur dédale des questions métaphysiques.

— Le labyrinthe de la procédure.

— Le dédale des lois.

Dédale et labyrinthe ne vont guère sans le fil d'Ariane. Exemples :

— L'auteur, avant de nous engager dans le labyrinthe de son système, a oublié de nous prêter le fil d'Ariane.

— Le public aurait besoin du fil d'Ariane pour se guider sûrement à travers ce dédale d'allusions, qui mettent sa pénétration en défaut.

DIEU VOUS BÉNISSE.

D'où vient cet usage de dire à quelqu'un qui éternue : Dieu vous bénisse ! ou : Dieu vous assiste ! ou : Dieu vous tienne en joie ! ou : Dieu vous fasse sage ! ou : Que vos souhaits s'accomplissent ! selon les pays ?

De l'opinion très-ancienne et très-accréditée que le cerveau, étant le siège de l'intelligence, est sacré, et sacré aussi tout ce qui en vient.

Aristote (pour ne pas remonter plus haut) assure que "chez les Grecs l'éternuement était réputé pour un dieu. Sur quoi l'auteur que nous citons remarque que, si ce dieu avait eu des autels, la fumée des sacrifices n'aurait que trop révélé sa présence aux prêtres, et aux fidèles".

Dieu fugitif et insaisissable, il n'était pas étonnant qu'on se hâtât de le saluer au passage, aussitôt qu'il se manifestait par le nez d'un mortel. "« Pendant qu'il parlait, dit Xénophon , un soldat éternua ; aussitôt toute l'armée fit sa prière au dieu. »"

On sait par les relations des voyageurs que, quand le roi du Monomotapa éternue, des courriers sont expédiés dans tous ses États pour en porter la nouvelle. Combien il est consolant de découvrir que nos erreurs ne nous sont pas particulières, qu'elles sont de tous les temps, de tous les lieux, qu'elles ont commencé avec le monde et qu'elles finiront avec lui !

Des historiens à courte vue ont fait remonter l'usage de saluer les personnes qui éternuent à une peste qui désola Rome, sous Grégoire le Grand. "« Comme la mort, disent-ils, s'annonçait par des éternuements et des bâillements, on conjurait, par des vœux ou des signes de croix, les conséquences de ces présages funestes, et la coutume en est restée. » "

Rendons à la sottise humaine la justice qui lui est due, et ne contestons pas aux préjugés leur antiquité vénérable. Celui-là est bien plus ancien. Aristote en fait mention ; Pétrone et Apulée le signalent expressément. Pline assure que "Tibère, un prince exigeant sur l'étiquette, voulait qu'on le saluât quand il lui arrivait d'éternuer en voiture ". Enfin, on trouve dans l'*Anthologie* cette épigramme d'Ammien contre un certain Proculus, *trop bien advantagé en nez*" : "« De remercier Jupiter quand il éternue, il n'en a garde, puisqu'il ne s'entend pas. Il a bien le nez trop loin des oreilles. » "

Vous pensez bien que les anciens, qui voyaient des présages partout, dans le bruit du tonnerre, dans le vol des oiseaux, dans le trot des souris, dans l'appétit des poulets, etc., etc., n'ont pas manqué de mettre l'éternuement au nombre des présages.

Dans Homère, Pénélope dit à Eumée : "« Avez-vous remarqué que, pendant que je parlais, mon fils éternuait à tout propos ? C'est bon signe. A coup sûr la main des Parques est sur les prétendants ; pas un seul n'échappera au destin. » "

L'éternuement était donc un présage favorable. En effet, Properce dit à Cynthia : "« N'est-ce pas, mon âme, qu'Amour a éternué à ta naissance ? » " Je demande pardon aux amis de la belle littérature de cette traduction. Chez nous, l'éternuement n'est pas un Dieu, et il est bien difficile de donner un tour noble à cette pensée.

Théocrite aussi fait éternuer les amours : "« Ils ont éternué, dit-il, pour Simichidas. » "

« O Ménélas, dit-il ailleurs, époux prédestiné, il faut qu'un bon génie, quand tu vins à Sparte, ait éternué pour toi. »

Xénophon haranguait l'armée ; il s'agissait d'une entreprise difficile. Un homme éternue. L'éloquence de ce présage, plus puissante que celle de l'orateur, persuade l'assistance ; l'entreprise est résolue. Une autre fois il parlait encore, même interruption : il est nommé général. Il fallait que Xénophon fût parfaitement venu du dieu Éternuement pour le trouver toujours à point nommé dans les circonstances difficiles.

Il ne paraît pas que ces présages fussent aussi méprisés que Pline le donne à entendre, puisque les dévots étaient allés jusqu'à remarquer qu'il n'était pas indifférent d'éternuer à droite ou à gauche.

"Un habitant de Mégare avait découvert, selon Plutarque , que le mauvais génie de Socrate n'était autre que l'éternuement. Entendait-il éternuer à droite, il persévérait dans le dessein qu'il avait conçu ; à gauche, il s'abstenait. Éternuait-il lui-même avant d'entreprendre, il passait outre ; pendant l'entreprise, il y renonçait." Ainsi tout le bon sens de Socrate, tout son divin savoir et son merveilleux entendement, auraient consisté à se tourner à droite ou à gauche, et à regarder comment les autres se tournaient, et ses plus sages résolutions pouvaient dépendre d'un rhume de cerveau.

Un superstitieux menaçait Diogène du bâton : « Va, va, mon ami, pour te faire trembler, je n'aurais qu'à éternuer à gauche. »

Hippias, fils de Pisistrate, rangeait son armée en bataille sur le territoire ennemi. Il éternue, mais si fort que de la secousse une dent lui saute de la bouche. On la cherche dans les rangs„ peine perdue, impossible de la retrouver. Alors Hippias : « Soldats, le destin ne veut pas que nous combattions ici. Nous aurions beau faire, avec tout notre courage, nous ne gagnerions pas le terrain que pourrait couvrir ma dent perdue. »

Éternuer de midi à minuit, bon signe ; de minuit à midi, mauvais signe. Lisez Aristote (*Probl.*, sect. 33, quest. II), si vous avez le temps. Il vous en déduira les raisons.

Éternuer au vent, présage fâcheux. Près d'un tombeau, présage funeste. Éternuer le matin en mettant ses souliers, triste augure pour la journée ; il fallait incontinent s'aller remettre au lit.

Les anciens, quand ils voulaient éternuer, se tournaient vers le soleil ; et savez-vous pourquoi ? "« Parce que, dit Cassius Médicus , l'éternuement est provoqué par une certaine chaleur qui met en mouvement les parties d'où il provient. »" Ce qui revient à dire que le soleil fait éternuer parce qu'il a une vertu sternutatoire.

On lit dans le *Sadder*, livre oriental : "« N'oublions pas, en éternuant, de réciter un *Ahûnavar* et un *Ashim-vûhù*, afin de chasser par ces paroles les maladies causées par un démon qui loge dans le corps humain. Car il faut que vous sachiez que nous avons en nous un feu secret. Or, quand, par la volonté de Notre-Seigneur-Père, ce feu vient à prendre au démon, il le chasse du corps, et, l'ennemi mis en fuite, le corps demeure sain et vigoureux par la vertu de l'éternuement. »"

Nous aurions encore à parler des sages de l'antiquité, qui se sont élevés contre cette superstition. Mais, en nous étendant davantage sur l'éternuement, nous craindrions d'exciter le bâillement, qui est pour un écrivain le plus sinistre des présages.

DRAGON.

Le dragon est aussi difficile à classer dans le règne animal que le loup-garou et la bête du Gévaudan.

Il rentre dans l'innombrable famille des animaux fabuleux dont le peuple est le Linnée.

Généralement on se le représente sous la forme d'un serpent qui a des pieds et une aigrette ; mais il y a bien des variétés.

Les serpents ailés que Cérès et Médée la magicienne attelaient à leurs chars étaient des dragons.

L'hydre aux cent têtes que tua Hercule était un dragon.

Il y avait des dragons amphibies. Le poisson qui devait manger Andromède, le taureau qui effaroucha les chevaux d'Hippolyte, étaient des dragons de mer.

Le serpent Python, la chimère de Bellérophon, le sphynx d'Œdipe, le sanglier de Méléagre, la bête de l'Apocalypse, étaient des dragons.

Le dragon français tient de ses fabuleux ancêtres par son extérieur redoutable. Il est biforme, moitié homme, moitié cheval, comme les Centaures. Il a la poitrine armée d'écailles luisantes ; sur sa tête flotte une aigrette. On le rencontre sur mer quelquefois ; mais la terre est son élément favori. Il est omnivore et mange indifféremment du Russe, de l'Autrichien, du Chinois, du Cochinchinois même ; mais il préférerait, dit-on, l'Anglais. Les petits enfants jouent avec lui sans crainte ; il est aussi doux que les autres étaient méchants ; mais il ne faut pas le mettre en colère.

ÉGÉRIE.

Dans une société naissante, la loi a besoin, pour s'imposer aux consciences, d'une sanction religieuse. Le droit est une révélation que les peuples ignorants attendent d'en haut, et les législateurs sont les organes de cette révélation ; ils communiquent directement avec les dieux ; ils s'inspirent de leurs volontés, dont ils sont les interprètes auprès des hommes ; ils menacent, ils tonnent en leur nom ; ils sont les prêtres de la justice.

Moïse va chercher la loi sur la montagne, où l'absolu, personnifié en Jéhovah, s'enveloppe dans la nuit de l'orage, "*media nimborum in nocte*". Orphée, Linus et les poëtes civilisateurs de leur collége établissent les premiers fondements des sociétés grecques sur la crainte des dieux ; ils envoient Némésis sur les pas du coupable ; ils arment de serpents le bras des pâles Furies. Numa le légiste va consulter la nymphe Égérie dans le silence du bois sacré d'Aricie, et rapporte de ses entretiens avec elle tout un système d'institutions politiques et religieuses d'où sortira la grandeur de Rome.

Ce n'est qu'au siècle des Anaxagore, des Socrate, des Platon, des Aristote, que les hommes commencent à se connaître, et, trouvant en eux les premières notions du droit, apprennent à aimer les lois pour elles-mêmes, par la seule contemplation de leur beauté et de l'harmonie qui en résulte.

Nous voilà déjà bien loin de la nymphe Égérie ; revenons-y sans transition. Le poétique mystère de cette tradition antique a frappé les imaginations des hommes qui ont conservé pieusement le nom de la belle confidente du grave

Numa. Aujourd'hui nous nous en servons pour désigner, avec une nuance de malice irrévérencieuse, les dames qui exercent par leur beauté ou par leur esprit quelque influence sur les hommes d'État.

Aspasie, pour ne pas remonter plus haut, était l'Égérie de Périclès.

Les Romains de la république ne consultaient guère leurs femmes ; ils les renvoyaient à la quenouille et aux soins de leurs enfants. Cependant l'héroïque Porcia sut prouver à Caton d'Utique qu'elle était digne d'être son Égérie.

Livie, l'impure marâtre, fut l'Égérie d'Auguste.

Néron tua sa mère parce qu'il ne pouvait point souffrir d'Égérie. Les affranchis étaient moins gênants.

Depuis Agrippine jusqu'à Mme de Maintenon, que d'Égéries ! Marnée, la mère d'Alexandre Sévère ; Théodora, l'impératrice, qui s'offrait les épaules nues et les cheveux défaits au peuple mutiné contre Justinien ; Judith, l'impérieuse femme du Débonnaire ; Constance, qui rendit la vie si dure au bon roi Robert ; Anne de Beaujeu, Agnès Sorel et tant d'autres.

Mme de Maintenon, quoi qu'on ait écrit à sa décharge, ne sera jamais une Égérie populaire comme la reine Blanche.

Mme de Pompadour fut la frivole Égérie d'une cour frivole.

Le parti philosophique eut aussi ses Égéries. Mme Geoffrin, Mme du Châtelet, Mme d'Épinay, Mme du Deffant, applaudirent aux coups portés sur l'infâme.

Nommerai-je Mme de Genlis, l'Égérie du Palais-Royal ; Mme Roland, qui précipita la Gironde et qui sut mourir avec elle ; Mme Tallien, l'idole du Directoire ; Mme de Staël, la muse des doctrinaires, Mme Récamier, qui...

Mais voilà bien des Égéries ; il est grand temps d'en clore la liste. Puisse-t-elle être close aussi bien dans l'histoire pour la paix des États et le bonheur des peuples !

ESCULAPE.

Les anciens adoraient sous trois types différents le dieu qui guérit les hommes et entretient leur santé.

Tous trois étaient connus sous le nom d'Esculape. Nous ne parlerons que du plus fameux. Fils d'Apollon (le Soleil qui vivifie) et de Coronis (l'Atmosphère tempérée et salubre), il avait eu pour nourrice une chèvre et pour maître dans l'art de la médecine le Centaure Chiron. Il devint si habile et fit des cures si merveilleuses, qu'il rendit la Mort inquiète et Jupiter jaloux. Si les hommes, par ses soins, devenaient immortels, sur qui régnerait désormais Pluton, et quel avantage les divins buveurs d'ambroisie conserveraient ils sur les fils de la Terre ? Le dieu, gardien inflexible des limites assignées par le destin à la condition de tous les êtres, foudroya comme impie le bienfaiteur du genre humain, qui retomba sous l'empire de la Mort.

Les hommes, reconnaissants, élevèrent des temples à Esculape ; ils lui donnèrent deux filles, Santé et Guérison, deux déesses rayonnantes d'une jeunesse immortelle. Aux pieds du dieu veillaient un coq et un chien. Lui-même tenait en main un bâton où s'enroulaient deux serpents.

Pourquoi cette image du serpent, attribut inséparable d'Esculape ?

"« Le serpent, dit Pline , sert à plusieurs remèdes. »" Explication dont il est plus facile à un naturaliste qu'à un philosophe de se contenter.

"« Le serpent, disent les moralistes , est l'emblème de la vigilance nécessaire au médecin. »" Oui ; mais le coq et le chien aussi. Et pourquoi trois attributs pour exprimer la même idée !

Le serpent, selon d'autres interprètes, apparaît, à chaque printemps, plus brillant et plus jeune sous une enveloppe nouvelle : image du malade qui, au retour de la santé, semble se transformer et, renaître à la vie. Cette clef du symbole pourrait bien être la bonne.

Esculape avait un temple fameux à Épidaure.

« Irène se transporte à grands frais en Épidaure, voit Esculape dans son temple et le consulte sur tous ses maux. »

(La Bruyère).

Fatal oracle d'Epidaure,

Tu m'as dit : Les feuilles des bois

A tes yeux jauniront encore,

Mais c'est pour la dernière fois.

(Millevoye.)

Traduction en vile prose : Le médecin m'a dit que je ne passerais pas l'automne.

Aujourd'hui la Faculté s'élève sur les ruines d'Épidaure.

Seuls quelques apothicaires de province, fidèles au culte du dieu, conservent pieusement ses armoiries sur leurs enseignes : deux serpents enroulés autour du caducée.

83

ÉTOILE.

Il ne suffit pas d'être le chef d'une principauté ni même le roi d'un grand État pour avoir le droit de parler de son étoile. Jamais un prince de Lippe-Detmold ou de Lippe-Schauenbourg ne nous persuadera, si galant homme qu'il soit, qu'il a une étoile, parce qu'il ne peut venir à la pensée de personne que les étoiles sont faites pour de si petites seigneuries. Si Louis XV, qui n'aimait que la table et le plaisir, et Louis XVIII, qui n'était qu'un homme d'esprit, avaient parlé de leur étoile, les peuples, qui attendent toujours de grandes choses des hommes qui ont une étoile, se seraient moqués d'eux. Mais quand un Waldstein, un Napoléon, disent qu'ils ont foi en leur étoile, la multitude les croit sur parole, parce qu'elle juge d'instinct que celui qui a allumé tant d'astres devait à de tels hommes d'en allumer un exprès pour eux. Quant à nous autres, qui n'avons été mis sur la terre que pour servir de matière à l'ambition des conquérants, nous n'avons pas d'étoile ni ne méritons d'en avoir ; cela saute aux yeux. Il est bien vrai qu'il nous arrive souvent de dire que nous sommes nés sous une bonne ou sous une mauvaise étoile, selon que nous nous croyons heureux ou malheureux, et de rendre grâce à notre étoile, qui nous a tirés d'un mauvais pas ; mais ce sont des façons de parler, que nous répétons par habitude, sans y attacher aucun sens particulier, et qui ne tirent pas à conséquence.

FAUNE.

Horace a résumé dans une ode tous les attributs de ce dieu. Essayons de la traduire :

O dieu dont la flûte, à peine entendue,

Fait pâlir au bois la nymphe éperdue,

Descends des hauteurs, Faune aux pieds légers !

Epands les trésors de tes mains fécondes

Sur mes moissons blondes,

Peuple mon étable, emplis mes vergers !

Quand le chœur des mois, enfants de l'année,

Achève en dansant sa course ordonnée,

Tu sais, dieu jaloux, si nous te fêtons ;

Du sang d'un chevreau le vieil autel fume,

Le cratère écume,

Et l'âtre luisant rit sous les festons.

Nones de décembre, ô saison sacrée !

Les troupeaux, perdus dans l'herbe serrée,

Errent librement par monts et par vaux :

Tout est joie aux champs ; villageois à table

    Et bœufs à l'étable

Oublient leur misère et leurs longs travaux.

En ce jour béni, la forêt sauvage

Verse aux pieds du dieu son pâle feuillage.

Le loup suit au pré la brebis, sa sœur.

D'un pied aviné le vigneron danse

    Et frappe en cadence

L'avare sillon, qui boit sa sueur.

(Horace, ode XIX, liv. 3.)

L'imagination des anciens avait peuplé la campagne de ces dieux velus, cornus, aux pieds de chèvre, aux oreilles mobiles, vivantes personnifications de la fécondité de la nature. Le soir, les pâtres inquiets croyaient voir entre le feuillage briller leur prunelle fauve ; en automne, ils entendaient les branches mortes craquer sous leurs pieds agiles ; quand la source élevait par intervalles son bruissement monotone, c'était une Naïade effarée qui cherchait sous la grotte un refuge contre leurs ardeurs. Tous les bruits mystérieux de la nature, les plaintes des arbres aux approches de l'orage, le chant nocturne des oiseaux inconnus, les échos prolongés, leur révélaient la présence de ces hôtes invisibles, objets à la fois d'amour et de terreur, car, si leur influence enrichissait la ferme, leur vue donnait la mort.

Bons petits dieux des champs, Pans, Satyres et Faunes,

Nymphes, qui palpitiez sous l'écorce des aulnes,

Vous qu' Homère a créés, que Virgile a connus,

Bons petits dieux des champs, qu'êtes-vous devenus ?

Êtes-vous morts, hardis pourchasseurs de nymphes ? Non, vous avez fait souche. On trouve encore aujourd'hui, non plus dans les forêts, mais dans les villes et dans les campagnes, des êtres équivoques, qui vivent familièrement avec les hommes, qui ont des hommes le langage et les manières, et qui pourtant ne sont pas des hommes. Ce sont vos fils. Sous notre costume ils cachent l'oreille fauve et le pied fourchu ; sous l'extérieur de la civilisation ils ont conservé vos goûts impurs et la violence sauvage de vos instincts. On les appelle faunes, on les appelle satyres, et ils sont les biens nommés.

FOURCHES CAUDINES.

Défilé voisin de Caudium (aujourd'hui Arienzo, province de Naples), où les Romains, surpris et enfermés par les Samnites en l'an 321 avant Jésus-Christ, furent forcés de capituler. Ils passèrent sous le joug.

Si les Prussiens avaient posé leurs armes, au lieu de battre en retraite, après la canonnade de Valmy, dirait-on qu'ils passèrent sous les défilés de l'Argonne ?

Et du général Mack et de ses 30,000 hommes, dirait-on qu'ils passèrent sous Ulm en 1805 ?

Non. Alors pourquoi dit-on qu'un livre est passé sous les Fourches Caudines de la censure ? qu'un tableau est resté sous les Fourches Caudines du jury d'admission ? qu'une question politique passe sous les Fourches Caudines de la diplomatie ? (Voy. les journaux.)

Comment une question, ou un tableau, ou un livre, pourrait-il passer, même métaphoriquement, sous les Fourches Caudines ? Cette image est fort respectable sans doute, puisqu'elle vient des Romains, mais ceux qui la lisent la comprennent-ils bien ? et ceux qui l'emploient ne prennent-ils pas le Pirée pour un nom d'homme ?

Je ne hasarde ces questions qu'avec une grande réserve, car, si la locution est étrange, elle est consacrée par un usage journalier ; si elle choque le bon sens et l'histoire, elle ne paraît pas choquer le public ; tout le monde s'en sert, tout

le monde l'entend ou croit l'entendre, et, en fait de langage,
c'est avoir tort que d'avoir raison contre tout le monde.

FOYER.

Quand nous parlons de la paix du foyer, des vertus du foyer, ce n'est pas de la paix de l'âtre, des vertus de l'âtre, qu'il s'agit. De même, quand nous nous armons pour la défense de nos foyers (*pro focis*), il ne vient à l'esprit de personne de verser son sang pour la pierre plate où il allume son feu. Dans cette acception, le foyer n'est donc que le signe d'une idée. Il représente la famille, dont il est le centre et la vie.

Les anciens, à qui nous avons emprunté cette expression, ne l'entendaient pas tout à fait comme nous. La pierre du foyer, chez eux, était chose sacrée, autant par elle-même que par l'idée qu'elle figurait. C'était le sanctuaire de la famille, le type de la cité.

Autour de la flamme sacrée, que la piété entretenait le jour et la nuit, étaient rangées les statues du Génie, du Lare, des Pénates, ces dieux dont la présence au foyer consacrait tous les actes de la famille, les plus simples comme les plus solennels. Avant le repas (car chaque repas était une sorte de solennité religieuse), on offrait des libations aux dieux domestiques. Le repas terminé, on leur adressait la prière d'actions de grâces. La nouvelle mariée, en entrant dans la maison conjugale, leur offrait un sacrifice avec son époux, et s'asseyait auprès de lui à la table commune, devant ce foyer dont elle allait être la joie.

Culte simple et touchant, le plus ancien, le plus sacré de tous les cultes. Le père en est le grand prêtre, la table en est l'autel, le repas de chaque jour en est le sacrifice. Les Lares indulgents ne regardent pas au prix de l'offrande ; ils n'exigent que des mains pures. Des gâteaux, du lait, des guirlandes de violettes, quelques grains de sel dans l'âtre, les rendent contents. En retour, ils comblent la maison de bienfaits, veillent sur les enfants, multiplient les troupeaux, donnent au maître la paix et l'abondance. L'esclave lui-même, que tous rebutent, n'est pas rebuté d'eux. Le préjugé antique lui interdit toute participation aux sacrifices, mais les Lares le protègent, parce qu'il est aussi de la famille. La fête du foyer est la sienne. Ce jour-là, l'austère matrone le sert elle-même à table. Sous le regard des dieux protecteurs, il oublie sa misère, il se croit presque libre. Le foyer, dans la famille, est donc tout : il représente non-seulement les sentiments qui forment cette association naturelle, mais encore des devoirs qui en maintiennent la perpétuité. La sévère Vesta, déesse du foyer, ne souffre autour d'elle ni crime ni souillure. Elle repousse la femme adultère, elle demande l'expulsion de l'enfant rebelle. Elle veut que tous les membres libres de la famille se forment aux vertus civiles par la pratique rigoureuse des vertus domestiques. A son autel immuable l'homme sait que sa vie est attachée. L'affranchi y suspend sa chaîne, le soldat son épée, le patricien la bulle d'or de son enfance. L'hôte suppliant y cherche un asile ; l'exilé, de retour, l'embrasse en pleurant ; le mourant lui fait ses derniers adieux. La mort même ne brise pas cette toute-puissante attache. Un repas funèbre réunit toute la famille, les esclaves comme les hommes libres ; le défunt y tient la première place, en attendant que le foyer reçoive sa dépouille.

Sans être de ces presbytes qui, ne voyant dans l'histoire que ce qui est loin d'eux, sont toujours prêts à dénigrer le présent et à glorifier le passé, nous sommes forcés de convenir que notre siècle a perdu la religion du foyer. Car, outre l'expropriation forcée qui met la maison paternelle sous la menace continuelle du marteau, le hasard des partages et l'instabilité des fortunes en rendent la possession incertaine et précaire. La nécessité des émigrations, les absences prolongées, effacent lentement la douce souvenance et détachent le cœur en détachant les yeux. Aussi la moitié de la nation loge en garni et déménage, pour ainsi dire, à chaque terme, avec ses dieux domestiques, au grand risque de les perdre en route ou de les confondre avec ceux du voisin. Rien de stable, rien de permanent, dans notre existence, qui n'est qu'un va-et-vient continuel. Nous ne vivons pas où nous sommes nés, nous ne mourons pas où nous avons vécu ; nous ne dormons pas même où nous avons été enterrés, car de siècle en siècle la bêche du fossoyeur interrompt le sommeil des trépassés, quand leur voisinage devient un danger pour les vivants ; l'expropriation les poursuit jusque dans la mort, et la tombe n'est pas pour eux un domicile à perpétuité.

Pour avoir renié le culte de Vesta, valons-nous moins que les anciens ? Je ne le crois pas : nous vivons autrement qu'eux, voilà tout. Sans doute cette existence nomade est dangereuse aux faibles, à qui elle ôte tout point d'appui en les isolant du passé ; mais elle est nécessaire aux forts. Elle les affranchit de la routine et du fardeau, souvent lourd à porter, des traditions. Elle leur apprend à marcher seuls dans la vie et à ne compter que sur eux-mêmes. Elle leur donne le courage d'oser et de faire mieux que leurs devanciers, en faisant autrement. Le foyer, sans doute, est muet pour eux, et ils ne songent pas plus à l'interroger qu'à demander aux grands chemins la trace des piétons de l'an mil. Mais ils portent en eux un sanctuaire aussi sacré, aussi immuable que le foyer des anciens, et dont les oracles sont infaillibles, la conscience.

A l'ombre de l'autel domestique, l'homme se serait étiolé. Dans l'enceinte même de la patrie, il aurait étouffé en grandissant. Devenu majeur, il a rompu la chaîne qui le condamnait à user sa vie dans le cercle trop étroit de la famille et de la cité, et, saluant pour la dernière fois ses pénates d'enfance, il a dit : « Le genre humain sera désormais ma famille, et mon foyer sera la justice. »

GÉANTS, PYGMÉES.

La fable des Géants vient d'une ancienne tradition qu'on retrouve au berceau de tous les peuples. Il est facile de comprendre comment cette erreur a pu s'établir. A la race sauvage des premiers conquérants de la terre, des guerriers, des forts, de ceux qui luttaient corps à corps avec les ours, succède une race plus douce et plus pacifique, celle des pasteurs, des laboureurs, des fondateurs de villes. Ces nouveaux venus trouvent dans les sillons de vastes ossements, "leur bêche se heurte, comme dit Virgile , à des casques énormes, qu'ils ont peine à soulever". Aussitôt leur imagination crédule entrevoit dans les ténèbres du passé des êtres grands comme des chênes et comme des montagnes. Montrez encore aujourd'hui à un paysan des armures du moyen âge et ces grandes épées à deux mains dont jouaient nos aïeux, si vous ne le détrompez pas, la même stupeur engendrera la même illusion.

La fable des Pygmées a une autre origine ; elle vient de l'imagination des voyageurs. — « A beau mentir qui vient de loin, » dit le proverbe ; mais qui peut se flatter aujourd'hui de revenir de loin ? Qui oserait mentir sur l'Inde, sur Madagascar, sur Tombouctou, et payer les incrédules d'un *allez-y voir* ? Les voyageurs anciens étaient bien plus heureux que les nôtres. Les trois bons quarts du monde étant inconnus de leurs contemporains, ils pouvaient raconter au retour ce qu'ils croyaient avoir vu, sans crainte d'être démentis. Les premiers qui s'aventurèrent dans les froides montagnes de la Thrace y virent probablement de petites tanières aux portes basses, aux toits à fleur de terre, comme les paysans d'Europe en construisent encore dans les climats rigoureux[4].

Il ne leur en fallut pas davantage pour supposer que de pareils repaires ne pouvaient être habités que par des nains. Quand la Thrace fut connue, on ne renonça pas aux nains, on les transporta en Carie, puis dans l'Inde, puis dans l'Éthiopie.

C'est ainsi qu'on voit souvent chez les Grecs la fable reculer devant la géographie. L'Olympe reste en possession de soutenir la voûte du ciel, tant qu'ils ne connaissent pas de montagne plus haute. Quand ils deviennent plus savants, le pivot du monde se déplace et l'Atlas est chargé du fardeau.

La fiction des nains une fois admise, il ne restait plus qu'à l'embellir. Ce fut l'affaire des poëtes. Homère raconte les combats des Pygmées avec les grues, du même ton de badinage sérieux dont il a chanté ceux des rats et des grenouilles, — si c'est lui qui les a chantés.

"A cheval sur des chèvres et sur des béliers, dit gravement Pline , les Pygmées s'ébranlent au printemps. Toute la cavalerie, armée de flèches, descend vers la mer. On fait une battue générale contre les nids des grues ; on détruit leurs œufs, on étouffe leurs petits, et c'est sagement fait, car comment le peuple résisterait-il à ces couvées d'ennemis, s'il les laissait grandir ? L'expédition dure trois mois. Enfin les grues émigrent et laissent un moment de trêve aux pauvres Pygmées."

Juvénal n'est pas moins épique en ses tableaux :

Quand les oiseaux de Thrace, innombrables armées,

S'abattent à grands cris sur les champs des Pygmées,

95

Le peuple s'arme ; on voit marcher dans les sillons,

Sous leurs petits drapeaux, les petits bataillons.

Mais que peut leur valeur ? Il faut céder ; les grues

Emportent dans leur vol les légions vaincues.

Hercule, fatigué de sa lutte contre Antée, s'était couché sur le champ de bataille. Les Pygmées l'entourent pendant son sommeil et lui donnent l'assaut. Le héros se réveille, d'une main se couvre les yeux et de l'autre jette sa peau de Némée sur la fourmilière, l'enveloppe comme dans un filet et la porte à la rivière. Gulliver était plus compatissant.

Le conte des Géants et des Pygmées est un de ceux qu'on trouve en circulation chez tous les peuples du monde. Il a charmé au berceau l'enfance du genre humain, il fera sourire encore sa vieillesse. Rabelais, Swift, Voltaire, ont rajeuni ces fictions ; d'autres les reprendront avec le même succès. Tant qu'il y aura des hommes, le contraste de l'extrême grandeur et de l'extrême petitesse amusera les esprits. Notre imagination, que le monstrueux choque ou dégoûte si facilement, se plaît à ces exagérations. Nous n'avons pas plus de peine à concevoir des géants pour qui nous sommes des nains, que des nains pour qui nous sommes des géants. Nous acceptons toutes les hardiesses des conteurs en ce genre et nous leur permettons de parcourir tous les degrés de l'échelle qui descend de l'infiniment grand à l'infiniment petit, à une seule condition, c'est qu'après nous avoir donné la taille de leurs personnages, ils gardent les proportions dans toutes les parties du récit. Si nous admettons que le Cyclope Polyphème, s'avançant dans la mer, n'a de l'eau que jusqu'à la ceinture, il ne nous coûtera rien d'admettre qu'il se promène sur terre un sapin à la main. Je tiens d'un pèlerin qu'entrant sous le portail de Saint-Pierre de Rome, il se dirigea pieusement vers un bénitier, qu'il trouva élevé à plus de quinze pieds du sol quand il fut auprès. La hauteur de ce bénitier disparaissait dans l'immensité de l'ensemble, comme les dimensions des géants et des nains de la fable se perdent dans celles des accessoires.

Rabelais n'a aucun souci de cette loi des proportions. Ainsi Gargantua emporte le gros bourdon de Notre-Dame de Paris pour en faire une sonnette à sa jument, et loge en garni comme un étudiant. Pantagruel couvre de sa langue une armée et argumente, comme un simple proposant, *dans la grande salle de Navarre*". On pardonne ces petites inadvertances à la joyeuse humeur du Tourangeau, dont la fantaisie est brouillée parfois des vapeurs de la *purée septembrale*. On les passerait moins volontiers à la froide misanthropie de Gulliver et à l'exactitude mathématique de Micromégas. Que ce dernier mange une montagne à son souper, c'est un exploit digne de l'appétit d'un habitant de Sirius ; mais qu'il coupe son ongle pour s'en faire un cornet acoustique, c'est un oubli de l'auteur, parce qu'il y a entre l'oreille et l'ongle d'un géant la même disproportion qu'entre l'oreille et l'ongle d'un Pygmée.

Les poëtes, comme les vieillards, mécontents du présent, exaltent le passé et traitent volontiers de Pygmées leurs contemporains. On connaît la boutade d' Horace : "« Fils dégénérés de pères qui ne valaient pas leurs aïeux, nous aurons des enfants encore plus détestables que nous. » " — Celle, de Béranger n'est pas moins connue :

Un peuple de nains nous remplace.

Tout est petit, palais, usines,

Sciences, commerce, beaux arts,

De bonnes petites famines

Désolent de petits remparts.

Sur la frontière mal fermée

Marche, au bruit de petits tambours,

Une pauvre petite armée.

Il est certain que la nature ne suit pas, dans son mouvement de production, des lois régulières et constantes. Après les éclosions vigoureuses, elle semble se recueillir et se reposer pour un nouvel enfantement. Aux grands hommes de guerre et de tribune succèdent les stratégistes routiniers, les avocats et les sophistes ; aux écrivains de génie les Pygmées de la critique, qui mesurent leurs œuvres sublimes avec leur petit compas, comme le satyre du tableau de Parrhasius mesurait avec son thyrse le pouce du Cyclope. Dans les générations médiocres tout n'est pas médiocre, de même que dans les grands siècles tout n'est pas grand. Prises isolément, elles auraient aussi leur grandeur ; mais la comparaison les diminue aux yeux de la postérité, comme la perspective des Alpes, vues de loin, écrase les collines qui s'arrondissent à leur pied.

GRÂCES.

Sacrifier aux Grâces.

Quel est donc le malheureux qui a fait dans notre langue un traité sur l'art de plaire ? La grâce est un don naturel dont personne n'a le secret, ceux qui le possèdent moins que tous les autres ; et apprendre à plaire est aussi impossible qu'apprendre à chanter juste ou à avoir la jambe bien faite. L'âne de la fable croyait avoir appris du chien l'art de plaire : vous savez comment il profita de la leçon et quel fut son salaire.

Les Grecs, plus sensés, ne perdaient pas leur temps à disserter sur la grâce ; ils la demandaient aux dieux. Trois déesses, trois sœurs, la dispensaient aux hommes : Aglaé, la brillante ; Thalie, la florissante ; Euphrosine, la joie de l'âme. Elles avaient des autels où poëtes, artistes, philosophes, athlètes, orateurs, tous ceux qui désiraient plaire au peuple le plus délicat du monde, venaient sacrifier. Mais peu étaient exaucés.

Le peintre Apelles, ayant vu un jour un tableau de Protogène, resta quelque temps silencieux et comme en extase Quand il revint à lui : « Belle œuvre, dit-il, et grand travail ! Mais il lui manque un je ne sais quoi qui fait l'originalité des miennes. » Si Protogène avait quitté plus souvent son atelier pour sacrifier aux Grâces, il aurait eu ce je ne sais quoi qui est tout dans les arts, et n'aurait pas mis dix ans à lécher ses ouvrages.

Platon conseillait à un de ses disciples de sacrifier aux Grâces. S'il avait connu Hegel et les Allemands, il aurait fait plus : il les aurait sacrifiés eux-mêmes sur l'autel des Grâces.

Alcibiade, en son temps, fut un heureux homme. Les divines sœurs lui avaient souri au berceau. Il était la joie du bon peuple d'Athènes, qui lui passait tout, sa fatuité, sa présomption, son insolence, son grasseyement à la tribune et son chien écourté.

Les élus que les Grâces favorisent sont comme les enfants que l'on aime malgré leurs défauts, ou plutôt à cause de leurs défauts. Qui les voudrait plus parfaits passerait pour l'ennemi de son propre plaisir.

C'est à ces initiés qu'elles se révèlent. Dans les nuits du printemps, les belles danseuses, glissant sur la prairie éclairée des rayons de la lune, passent entrelacées sous leurs yeux discrets comme une éblouissante vision. Quant aux profanes qui viennent, sans être conviés, se mêler à leurs mystères, elles se vengent d'eux comme Diane d'Actéon, en leur donnant des cornes.

La Fontaine avait assisté à leurs fêtes nocturnes, car où aurait-il pris les traits dont il nous peint la princesse de Conti ?

Conti me parut lors mille fois plus légère

Que ne dansent au bois la nymphe et la bergère ;

L'herbe l'aurait portée, une fleur n'aurait pas

    Reçu l'empreinte de ses pas.

Elle semblait raser les airs à la manière

Que les dieux marchent dans Homère.

Poètes laborieux dont l'art achevé nous ennuie, sacrifiez aux Grâces. Regardez Musset : il est inégal, rime lâchement, compose faiblement et déclame quelquefois ; mais il a la grâce. Voilà tout le secret de son succès ; dérobez-le-lui si vous pouvez.

Historiens patients, dont l'exactitude minutieuse nous cause autant d'effroi que d'admiration, lisez Tite-Live, lisez Salluste et sacrifiez aux Grâces.

Savants, qui voulez sacrifier aux Grâces, portez ailleurs vos offrandes et rappelez-vous ce mot de Voltaire à un illustre secrétaire perpétuel : "« Je ne veux pas qu'on me plaise, je veux qu'on m'instruise. » "

Les Grâces ont des sœurs cadettes qui leur ressemblent comme Delille ressemble à Virgile et Dorat à Catulle. Les aînées sont nues, c'est-à-dire belles de leur immortelle beauté : ce sont celles-là qu'il faut adorer. Les autres, fardées, frisées, musquées, doivent leur éclat passager aux caprices de la mode. Les vrais génies les méprisent ; les beaux esprits médiocres les chiffonnent. Au siècle dernier, elles portaient des mouches et des paniers et donnaient de l'éventail sur les doigts à ce fripon d'Amour. Aujourd'hui, sentimentalement bêtes ou effrontément libertines, elles pleurent à la lune ou cherchent des mots et font des calembours.

HARPIES.

Au bon temps où un voyage d'Iolchos à Colchos était plus périlleux qu'aujourd'hui le tour du monde, et les deux écueils de Charybde et de Scylla plus redoutés des navires grecs que le gouffre du Maëlstrom ne l'est des bateaux norvégiens, il était d'autant plus facile aux navigateurs de mentir qu'on aimait mieux les croire que d'y aller voir. Aussi n'est-il pas de parages de la Méditerranée qu'ils n'aient rendus fameux par les contes qu'ils en rapportaient. En Colchide, Jason et les siens virent des taureaux qui soufflaient le feu par les narines, et un dragon dont les dents ensemencées produisaient des moissons d'hommes tout armés. En Sicile, d'autres virent des géants qui n'avaient qu'un œil au milieu du front et qui mangeaient des hommes tout crus. Dans une île régnait une déesse qui tuait les naufragés ; dans une autre, une magicienne changeait les hommes en pourceaux. La mer aussi était remplie de choses terribles. Celui-ci avait entendu la conque d'un triton, celui-là le chant des sirènes. Chaque voyage donnait naissance à une nouvelle histoire merveilleuse qui courait aussitôt la Grèce, et dont le récit donnait le frisson aux plus intrépides.

Une des plus étranges traditions qui soient sorties du cerveau fécond de ces premiers coureurs d'aventures est celle des Harpies. Virgile en fait un portrait capable de contenter les réalistes les plus exigeants :

« C'étaient, dit-il, des oiseaux avec des têtes de femmes, — un flux de ventre dégoûtant, des mains crochues, — le visage livide et famélique. »

Attirées par l'odeur d'un repas, elles s'abattaient sur la table, dévoraient avidement les mets et souillaient d'ordures ce qu'elles ne mangeaient pas. Phinée, roi de Thrace, avait fait crever les yeux à ses deux fils. Les dieux, pour le punir, lâchèrent contre lui les horribles femelles, qui brûlèrent ses moissons, enlevèrent ses troupeaux et affamèrent son peuple[5].

Nous avons fait du nom de ces oiseaux étranges une énergique application aux femmes rapaces.

Le peuple dit d'elles : « Ce sont des *Arpyes*, de véritables Arpyes. » Il a conservé le mot, mais non l'aspiration.

HÉLICON.

Les Grecs plaçaient loin des hommes sur les hautes cimes baignées d'air et de lumière, le séjour des muses et de l'inspiration poétique. L'Hélicon, comme le Parnasse, était consacré aux divines sœurs. Au pied de la montagne, sur le bourg d'Ascra, elles laissèrent tomber un regard favorable, et dans ce pauvre village un poëte naquit. Ce fut Hésiode, le chantre de l'agriculture, le voyant inspiré qui nous a révélé les mystérieuses origines de la religion grecque.

Dans un éloquent morceau consacré à l'éloge des vertus sociales du chien, Delille s'exprime ainsi :

Et moi, de l'Hélicon moderne Bélisaire,

Ses yeux peut-être un jour guideront ma misère.

Expliquons cette énigme : — D. Qu'est-ce que Bélisaire ? — R. Bélisaire fut un général de l'empereur Justinien qui, selon la légende, devint aveugle sur ses vieux jours et fut réduit à mendier son pain. — D. Et l'Hélicon ? — R. L'Hélicon est une montagne située entre la Phocide et la Béotie, que les Grecs avaient consacrée aux Muses — D Qu'est-ce donc qu'un Bélisaire de l'Hélicon ? — R. C'est un poëte aveugle et mendiant. — D. Delille nous apprend donc ?... — R. Qu'il est aveugle et qu'il aura peut-être un jour besoin d'un chien pour le conduire. — Vous avez deviné ; mais bien vous en a pris d'être fort en géographie, en histoire et en mythologie.

Voilà où notre poésie était tombée au siècle dernier par l'amour de l'élégance et l'horreur du mot propre.

Hydre de Lerne.

Serpent monstrueux, aux cent têtes toujours renaissantes, exterminé par Hercule.

— « De tous les combats d'Hercule, le plus glorieux fut celui qu'il soutint, dans le marais de Lerne, contre un énorme serpent. Maintes fois on avait vu l'affreux reptile saisir un taureau, un fort cheval, l'étouffer dans ses nœuds, puis l'entraîner dans son antre, où il le dévorait. Nulle force vivante ne semblait pouvoir délivrer la terre de ce monstre. Hercule avait pensé d'abord à le surprendre dans sa digestion ; mais, outre qu'un bœuf ne pesait pas plus à l'effroyable boa qu'une grenouille à une couleuvre, les mauvais propos d'un certain Lachis, envieux d'Hercule — Hercule avait des envieux — le firent renoncer à ce projet. Comme il se défiait, pour une semblable expédition, de sa massue, trop légère à son gré, trop courte, et pas assez dure, il fit choix d'une verge de fer, longue, grosse, flexible, du poids de deux hommes, qu'il prit soin de forger lui-même, et qu'il manœuvrait comme le batteur de blé manœuvre son fléau. Ainsi armé, sans autre vêtement que sa ceinture, Hercule fut attaquer dans son repaire le serpent. Au moment où celui-ci, partant comme un trait, avec un sifflement épouvantable, fond sur son ennemi, Hercule, qui avait joué avec le lion de Némée, n'éprouva pas un frisson. Se jetant de côté, il frappa par le travers le boa, avec tant d'adresse et de force, qu'il lui brisa l'épine, et que ceux qui de loin regardaient le combat virent tomber le serpent comme s'il eût été coupé en deux. Lachis s'approchant aussitôt : "Tu n'aurais pas essayé, dit-il à Hercule, de l'étouffer entre tes bras, comme tu étouffas ce pauvre Antée, fils de la Terre." Hercule, d'un revers de ses doigts, envoya Lachis contre le rocher ; la cervelle jaillit, et le dénigreur fut enfoui avec l'hydre dans les boues de Lerne. »[6]

Ce récit moderne, précis et circonstancié comme la déposition d'un témoin oculaire, ne doit cependant être accepté qu'avec une extrême réserve, tant la certitude historique est difficile à établir. D'autres historiens plus anciens, et probablement mieux informés, prétendent que le héros, désespérant d'abattre toutes les têtes de l'hydre, qui renaissaient sous ses coups, se vit contraint, pour l'achever, de recourir à la flamme.

Il nous reste encore aujourd'hui :

L'hydre de l'anarchie,

L'hydre du fanatisme,

L'hydre de la révolte,

L'hydre de l'erreur, etc.

Voilà bien des hydres qui attendent leur Hercule.

Prends ta foudre, Louis, et va comme un lion

Porter le dernier coup à la dernière tête

    De la rébellion.

Malherbe

C'est l'hydre de l'hérésie.

Il y a aussi l'hydre du socialisme, hydre encore jeune, mais vorace, qui menace de manger les propriétés.

La tribune et le journal pondent tous les jours des hydres nouvelles, épouvantails des sots.

Les hydres sont d'un grand effet dans la haute éloquence, mais il ne faut pas en abuser, de peur de familiariser trop le public avec elles.

J'ai entendu un prédicateur, plus versé sans doute dans sa religion que dans celle des anciens, s'écrier avec émotion : « Extirpons jusque dans ses racines l'hydre de l'impiété. »

Je ne sache pas que cette hydre à racines ait fait sourire un seul de ses auditeurs.

LIBATIONS.

Deux braves gens attablés au cabaret se sont pris de querelle. Il y a eu quelques verres cassés, quelques poignées de cheveux arrachées ; la police est intervenue, le quartier est en rumeur. C'est matière de procès-verbal et de faits divers. Le greffier lit donc et le journal imprime que les sieurs X... et Z..., après de copieuses libations, etc., etc., etc.

X... et Z... n'ont jamais entendu de réquisitoire ni ouvert un journal (c'est une supposition). Les voilà bien étonnés. Le procès-verbal ouï et les conclusions du tribunal et la sentence, ils payent leur amende, font leurs vingt-quatre heures de prison, et retournent au cabaret amis comme devant.

Entre deux bouteilles, X... dit à Z... : « Il paraît que nous avions fait des libations l'autre jour ? — Le vieux qui parlait du nez l'a lu sur le papier, dit l'autre, mais je n'ai pas compris. — Ni moi, répond X... »

Ils vont trouver un savant du quartier, un ancien chef d'institution, réduit, par le malheur des temps, à écrire en ronde et en bâtarde sous la dictée des cuisinières.

« Quand vous vous êtes battus, leur dit l'écrivain, et que vous avez renversé la table, le vin a-t-il coulé ? — Oui. — Voilà où est le mal. Car, suivez bien mon raisonnement : les Grecs et les Latins, qui étaient des païens, c'est-à-dire des idolâtres, c'est à-dire des adorateurs d'idoles, répandaient du vin à table en l'honneur de ces idoles. Ils appelaient cela faire des libations.

« Donc, suivez bien mon raisonnement, si vous vous étiez contentés de vous griser et de vous battre, vous n'auriez fait que ce qu'une foule de chrétiens font tous les jours ; il n'y aurait pas de mal à cela, parce qu'il n'y aurait pas libation. Mais le vin a coulé, il y a libation, et par conséquent paganisme, polythéisme, idolâtrie, adoration des idoles. Par conséquent on vous a menés en prison, et on a bien fait Avez-vous suivi ? »

LIT DE PROCUSTE.

Au temps où la Grèce était peuplée de brigands et de monstres (car tous les pays ont eu leur moyen âge), un châtelain nommé Procuste ou Procruste faisait coucher ses hôtes sur un lit de fer, et, selon qu'ils étaient trop grands ou trop petits, leur coupait les jambes pour les raccourcir, ou les disloquait pour les étendre. Thésée extermina cet ogre.

Quand les hommes de 89 accusaient leurs ennemis de vouloir étendre la Révolution sur le lit de Procuste, ils étaient compris et applaudis du public. On vivait alors avec Plutarque et avec les anciens ; on parlait leur langue avec un peu d'emphase peut-être, mais les grands mots sont permis à ceux qui font de grandes choses. L'histoire ancienne était l'école de la jeunesse, la fable le catéchisme de l'enfance, et telles allusions qui nous échappent aujourd'hui ou qui nous font sourire n'étonnaient personne alors, tant elles rappelaient des souvenirs précis, tant elles paraissaient simples, naturelles et presque françaises.

Certes, si l'antiquité nous a laissé une tradition digne d'être conservée, pour l'emploi qu'on en peut faire dans le discours, c'est bien celle de Procuste. Un long usage l'a popularisée. Aussi, quand nous disons que la censure est le lit de Procuste de la pensée, que la règle des trois unités était le lit de Procuste de la tragédie classique, et que certains réformateurs étendent la société sur leurs systèmes comme sur un lit de Procuste, nous sommes bien sûrs d'être entendus, je ne dis pas de tous nos lecteurs, mais de tous ceux qui ont fait leurs études.

LUSTRE.

Grande solennité qui revenait à Rome tous les cinq ans. On faisait d'ordinaire un recensement général, après lequel on purifiait les temples, les places, les maisons, le peuple et les armées. Il y avait des purifications fumigatoires dans lesquelles on brûlait des oignons, des cheveux, des anchois, du soufre mêlé à des jaunes d'œufs. Souvent aussi le prêtre, après s'être tourné vers l'Orient, s'armait d'une branche de laurier ou d'olivier et aspergeait la place et l'assemblée avec de l'eau salée ou du sang de porc, qui avait la vertu de laver les péchés.

Pourquoi comptons-nous encore quelquefois par lustres ou périodes de cinq ans ? — Parce que c'était l'usage chez les Romains. — Belle raison ! C'était aussi leur usage de compter par ides et par calendes ; pourquoi ne l'avons-nous pas conservé ? Pourquoi ne revenons-nous pas au calendrier de César et à l'ère de Rome fondée ? Les Romains l'ont fait, donc il le faut faire. Ainsi raisonnait à peu près M. Jourdain ; ainsi avons-nous raisonné en France depuis la Renaissance jusqu'à nos jours.

J'en veux à ce mot *lustre*, comme à toutes les expressions tirées du latin, qui ont besoin de commentaires pour être comprises. C'est un malheur pour une nation d'avoir deux idiomes, l'un classique, l'autre populaire. Les Latins et les Grecs, que nous imitons si volontiers, n'avaient qu'une seule langue. En Italie, le facchino parle comme le monsignore, et celui-ci comme Arioste et Machiavel : les gondoliers même chantent, dit-on, les octaves du Tasse. Trouvez-vous en France des paysans qui comprennent Racine ?

Il est évident que le mot *lustre* n'a aucun sens pour nous, qui n'avons ni lustrations, ni recensement quinquennal. Il est évident aussi que, sans nos poëtes, cette division arbitraire du temps, ne se rattachant à aucune tradition, n'éveillant aucun souvenir, serait tombée depuis longtemps en désuétude.

Mais notre alexandrin, qui a le tempérament délicat, digère mal les nombres cardinaux. Il y a peu de chiffres élevés qui n'offensent la mesure et l'harmonie. Quarante et un, soixante-dix-sept, mil sept cent soixante et onze, ou n'entreraient pas dans un vers, ou y apporteraient l'hiatus et la cacophonie.

Louis Quatorze vécut soixante-dix-sept ans

serait un alexandrin digne d'un manuel de mnémotechnie. Voilà une des mille infirmités de cette langue à part que nous appelons poétique, et qui pour le peuple n'est que du grimoire.

On connaît ce quatrain de Boileau :

Mais aujourd'hui qu'enfin la vieillesse venue,

Sous mes faux cheveux blonds déjà toute chenue,

A jeté sur ma tête, avec ses doigts pesants,

Onze lustres complets, surchargés de trois ans…

. Que de travail et d'esprit dépensé pour nous apprendre qu'il a cinquante-huit ans et une perruque blonde ! D'Alembert condamne cette périphrase, Voltaire la justifie ; tranchons le débat : cette périphrase est un logogriphe élégant.

Lynx.

Pline le place à côté des sphinx, des pégases, des licornes et des unicornes. Ovide le fait naître d'une métamorphose. Rabelais le met dans le pays de Satin, royaume d'Ouy-Dire. Et cependant le lynx n'est pas un animal fabuleux : il existe, il s'appelle loup cervier ; on le trouve en Russie, en Sibérie, en Lithuanie, dans le nord de l'Allemagne et au Canada, c'est-à-dire dans tous les pays que les anciens ne connaissaient pas ou connaissaient fort peu.

Il a perdu, il est vrai, la faculté de voir à travers les corps opaques, que les anciens lui attribuaient, mais sa grande réputation de clairvoyance lui est restée.

Avoir des yeux de lynx, c'est encore aujourd'hui avoir de bons yeux.

Car tout ce que nous sommes,

Lynx envers nos pareils et taupes envers nous,

Nous nous pardonnons tout, et rien aux autres hommes.

Lynx envers nos pareils, c'est-à-dire pénétrants pour les défauts d'autrui ; taupes envers nous, c'est-à-dire aveugles pour les nôtres. Voilà deux erreurs d'histoire naturelle, en un seul vers, mises à la portée des enfants.

Je trouve, dans un *commentaire sur les fables* de La Fontaine : "« Lynx, le plus clairvoyant des animaux ; la taupe est *presque* aveugle. " Virgile " l'appelle : *oculis captus* (privée du regard). » " Cette note deviendrait exacte avec deux légers changements que je prends la liberté de proposer : Le lynx a la vue perçante, mais n'est pas le plus clairvoyant des animaux. La taupe a les yeux fort petits, mais n'est ni aveugle, comme Virgile le prétend, ni presque aveugle, comme l'avancent des commentateurs téméraires. Lyncée, un des Argonautes qui allèrent avec Jason chercher des mines d'or en Colchide, jouissait d'une vue très-subtile. Il voyait les métaux cachés dans les entrailles de la terre. Castor et Pollux s'étaient blottis dans le creux d'un chêne : il les aperçut à travers l'arbre. Assis sur les côtes de Sicile, il signalait les flottes qui appareillaient du port de Carthage.

La fable de Lyncée est-elle antérieure ou postérieure à celle du lynx ? Est-ce l'homme qui a donné son nom à l'animal, ou l'animal à l'homme ? Question grave et importante que nous n'avons malheureusement pas le temps de résoudre.

MÂNES.

Mânes (voir Ombres). Le culte des Mânes était l'adoration des ancêtres. Les Latins, à qui nous avons emprunté ce mot, croyaient qu'à leur existence étaient attachés des êtres surnaturels ou démons, qu'ils appelaient génies. Ces génies naissaient avec les hommes, vivaient avec eux, partageaient leurs joies et leurs souffrances et ne les quittaient pas plus que leur ombre. Quand la mort avait rompu cette mystérieuse union, les génies devenaient des dieux infernaux auxquels on rendait, sous le nom de Mânes, un culte de Dulie. Comme on supposait qu'un attrait invincible les ramenait vers leurs corps, tant que ceux-ci conservaient leur forme, on se hâtait de les consumer et de les ensevelir, afin de permettre aux Mânes de gagner librement les demeures souterraines. A ceux qui avaient péri dans un naufrage ou dans une défaite, et dont les restes ne se retrouvaient pas, on élevait des cénotaphes, et, les rites solennels accomplis, leurs Mânes, jusque-là errants et désolés, jouissaient de la paix désirée. Enfin, outre les sacrifices particuliers qu'on leur faisait dans chaque famille, il y avait à Rome une fête annuelle instituée en leur honneur. On leur offrait quelques couronnes, des grains de blé, des poignées de sel, du pain trempé dans du vin, des violettes, le tout exposé dans des cruches au milieu des carrefours. Pendant ces solennités mortuaires, qui duraient onze jours, les temples étaient fermés, les sacrifices cessaient, les mariages étaient interdits. Il ne fallait pas troubler les ombres dans leur repas mystérieux. Après la fête des morts, venait celle des vivants. On s'invitait entre parents, on se comptait. Ce jour-là, plus de divisions, plus de haines ; autour de la table commune, il n'y avait que des frères. C'était un touchant usage. Les morts n'étaient pas oubliés dans ce banquet fraternel : on leur envoyait des libations. Les vieux rappelaient aux jeunes leurs vertus et les engageaient à les imiter. On songeait aussi à la patrie et on mêlait des vœux pour elle à chaque offrande funèbre.

La superstition altéra bientôt la pureté d'un culte doublement saint, parce qu'il rattachait les vivants aux morts par le lien du souvenir, et les vivants entre eux par l'amour de la patrie. On ne tarda pas à regarder les Mânes comme des êtres malfaisants, toujours inquiets et agités, toujours prêts, pour les motifs les plus frivoles, à déserter l'enfer et à venir troubler le repos des hommes. De là des terreurs nocturnes, des sommeils agités, des hallucinations et des pratiques étranges pour conjurer les apparitions redoutées.

— Au milieu de la nuit, dit Ovide en ses *Fastes*, quand le sommeil éteint tous les bruits de la terre, les aboiements des chiens et les chants des oiseaux nuancés.

Si, fidèle aux rites antiques, la crainte des dieux vous réveille, vous vous levez, et, les pieds nus,

Faisant claquer votre pouce contre vos doigts, vous prévenez la rencontre des ombres frêles.

Trois fois vous purifiez vos mains dans l'eau claire, vous vous retournez : dans la bouche vous avez des fèves noires ;

Vous les crachez, et, en les crachant : « Voilà mon offrande, dites-vous, voilà des fèves pour me racheter moi et les miens. » Neuf fois, sans retourner la tête, vous répétez cette légende. L'ombre, sûre de n'être point vue, est censée vous suivre et recueillir l'offrande.

Vous faites de nouvelles ablutions, vous priez l'ombre de s'en aller, de quitter votre logis.

Et quand vous avez dit neuf fois : « Sortez, Mânes paternels », vous vous, retournez, le rite est complet, rien n'y manque. —

Le moyen âge, qui laissa périr tant de monuments de l'antiquité, conserva pieusement ses erreurs, et les Mânes, sous le nom de revenants, effrayèrent nos aïeux comme ils avaient effrayé les contemporains d' Ovide.

Grâce aux remèdes de la philosophie, nous sommes à peu près guéris de cette infirmité. Si les revenants reviennent encore, c'est par pur badinage et sans penser à mal. Ce sont des esprits de bonne compagnie, trop bien élevés pour réveiller les vivants en sursaut. Des oisifs réunis dans un salon les invitent, ils viennent sans trop se faire prier, entrent poliment, causent un instant avec la société et se retirent en priant d'excuser. Comme on n'a pu leur reprocher jusqu'à présent que quelques bougies soufflées, quelques meubles dérangés et quelques indiscrétions sur l'âge des dames, la police ne les inquiète pas, et fait bien.

En perdant leurs mauvaises habitudes du temps jadis, ils ont perdu aussi leur nom païen de Mânes, dont nos Français du dernier siècle ornaient leur style et leurs tombeaux. On trouve cependant encore en province des cimetières hantés par les Mânes :

Aux Mânes

de très-regretté et très-digne

Guillaume Paimbœuf,

ancien notaire, ancien, etc., etc.

« Cette pyramide tronquée, entre deux ifs, fait très-bien, dis-je au neveu du défunt, qui me montrait le monument. Mais je ne comprends pas l'inscription. Qu'est-ce que les mânes de Guillaume ? Est-ce que Guillaume a des mânes ?

— Certainement, il en a, répondit le jeune homme, et pourquoi n'en aurait-il pas ? Lisez les inscriptions des notables de la commune, tous en ont. Les Jacquin en ont, les Grosjean en ont, les Jolibois en ont. Est-ce que mon oncle n'est pas d'aussi bonne famille qu'eux ? — Sans doute, dis-je ; mais parce que les autres notables ont des inscriptions de païens, ce n'était pas une raison pour en donner une à Guillaume, qui est mort en bon chrétien, et qui fut, de son vivant, si j'ai bonne mémoire, marguillier de sa paroisse. Il ne vous manquerait plus que d'aller demander au curé des messes pour les mânes de votre oncle ! Vous sentez bien que votre inscription n'a pas de sens, et qu'un chrétien ne peut avoir des mânes. Et quand Guillaume en aurait, qu'en feriez-vous ? Leur offririez-vous des libations ? Vous feriez-vous païen pour les adorer ? J'ai bien peur que vous n'ayez fait dire au marbre une grosse sottise. — Vous avez peut-être raison, dit le neveu de Guillaume, mais je ne vous conseille pas de dire ces choses-là par la ville. — Pourquoi ? — Parce que nous avons des plaisants qui pourraient bien vous baptiser du sobriquet d'original. » C'est un mot du pays.

MÉGÈRE, ALECTON, TISIPHONE.

Trois Furies d'Enfer.

Elles avaient des serpents sur la tête, des serpents à la ceinture, des serpents dans les mains.

L'épouse, en habit d'Alecton,

Masquée, et de sa voix contrefaisait le ton, etc.

(La Fontaine.)

Tisiphone est oubliée.

Mégère seule a conservé sa grande réputation. Une femme acariâtre, jalouse, querelleuse, qui fait de son ménage un enfer, est une Mégère.

On a oublié que ces trois horribles sœurs jouaient, dans la religion païenne, un rôle auguste et conservateur, qu'elles étaient les gardiennes inflexibles des lois naturelles et de l'ordre social, que les anciens, dans les prières qu'ils leur murmuraient à voix basse, les nommaient bonnes déesses, bienveillantes, vénérables, et éprouvaient pour elles une sorte de piété filiale mêlée de terreur. On ne s'est plus souvenu que de leurs vipères, et on a donné le nom de Furies à ce qu'il y a de plus repoussant sur la terre, — aux femmes en colère.

Minos, Éaque et Rhadamanthe, les trois juges d'enfer.

Éaque s'est effacé devant la réputation de ses deux collègues, qui elle-même va s'éteignant tous les jours.

Walter Scott appelle un schérif le Rhadamanthe du quartier.

Voltaire écrit à M. D'Argental : "« Vous m'allez dire que je deviens bien hardi et un peu méchant sur mes vieux jours. Méchant ! Non. Je deviens Minos. Je juge les pervers. » "

« Minos, dit Virgile, est le juge d'instruction du tribunal redoutable. C'est lui qui agite l'urne, qui cite les ombres muettes, qui interroge les consciences coupables. »

Phèdre s'écrie, dans la tragédie de Racine :

Où me cacher ? Fuyons dans la nuit infernale.

Mais que dis-je ? Mon père y tient l'urne fatale ;

Le sort, dit-on, l'a mise en ses sévères mains :

Minos juge aux enfers tous les pâles humains.

Aujourd'hui, comparer un juge à Rhadamanthe, et même à Minos, serait ridicule ou irrévérencieux.

Momus (Momerie).

Momus, dans nos idées, personnifie la charge bouffonne. Il porte le masque et les grelots du carnaval. C'est le dieu de la farce.

Un enfant de Momus est un enfant de la Gaieté. Le Caveau, d'épicurienne mémoire, avait été fondé sous l'invocation de Momus. Il va sans dire que le gros dieu Comus n'y était pas oublié.

Tous les initiés du temple n'avaient pas la gaieté franche ou l'heureuse négligence des Panard, des Collé, des Désaugiers, des Debraux. Il se glissa dans l'assemblée plus d'un faux frère, qui tenta de raccourcir, avec les ciseaux de la critique, les ailes de la chanson. C'est à ces pédants en goguette que Béranger fait allusion dans ce pénible distique :

Momus a pris pour adjoints

Des rimeurs d'école.

De Momus vient *momerie*, terme général dont se servaient nos pères pour désigner leurs représentations théâtrales, les plus sérieuses comme les plus bouffonnes, les mystères et les moralités comme les farces et les soties.

Momerie ne se prend plus aujourd'hui qu'en mauvaise part.

« Les momeries d'un hypocrite soulèvent le cœur. »

« Les cérémonies des quakers, des shakers et des rappistes passent pour des momeries ridicules. »

Chez les anciens, Momus ne jouissait pas de la joyeuse réputation qu'il doit à la bonne humeur de nos aïeux. Fils du Sommeil et de la Nuit, il ne démentait pas sa ténébreuse origine. C'était un dieu jaloux, chagrin, mécontent, hargneux, dont l'unique passe-temps était de censurer les œuvres d'autrui. Non content de critiquer les hommes, il mordait à belles dents les dieux ses confrères.

Un jour, Neptune, Minerve et Vulcain se portèrent un défi. Qui fera l'œuvre la plus parfaite ? Neptune crée un taureau, Minerve bâtit une maison, Vulcain forge un homme. Momus, choisi pour arbitre, ne trouva qu'à gloser. Planter des cornes à un taureau de chaque côté de la tête, quelle bévue ! Un enfant aurait compris que leur place était devant les yeux. Quant à la maison, comment Minerve n'avait-elle pas songé à la faire à roulettes ? Avec une maison portative, pas de mauvais voisinage à craindre : vous vous attelez à votre domicile, et vous voilà délivré. L'homme, enfin, serait une œuvre passable, si l'ouvrier lui eût ouvert une lucarne sur le cœur. Car, je vous prie, quel moyen de voir clair dans le travail mystérieux de ses pensées ? C'est proprement la bouteille à l'encre.

Voilà, j'espère, un critique que les plus difficiles peuvent prendre pour patron. Et c'est cependant le même Momus dont le nom seul éveille les plus aimables souvenirs de la verve gauloise, de cette verve *qui s'égaye en la licence*, comme dit le vieux Régnier.

MUSES.

Ce sont les neuf sœurs, à qui nous sommes redevables de l'invention des beaux-arts.

Selon les plus anciennes traditions, elles sont les filles du ciel, qui nous les envoya pour adoucir les maux de notre condition. Remercions-le de ce présent, qui nous rend la vie à peu près supportable.

Des poëtes plus récents veulent que les Muses descendent de Jupiter et de Mémoire. Allégorie ingénieuse et très-philosophique : car inventer, c'est se souvenir.

Clio fut la muse de l'histoire. Elle gravait sur l'airain le récit des choses passées. De là ces expressions vieillies : Le burin de Clio, buriner l'histoire, etc…

Melpomène créa la tragédie. Elle était chaussée du cothurne et portait le masque héroïque. Sa main agitait le poignard, poignard classique, auquel elle a renoncé de nos jours pour le couteau du drame. — "« J'ai conçu comme vous, écrit Voltaire à Saint-Lambert, qu'il fallait faire des tragédies tragiques, et arracher le cœur au lieu de l'effleurer. Nous n'avons guère jusqu'à présent que de beaux discoureurs. Il viendra quelqu'un qui rendra le poignard de Melpomène plus tranchant. Mais… je serai mort. »" — Aujourd'hui que ce quelqu'un-là est venu, que dirait Voltaire de ce changement qu'il prédit et qu'il semble souhaiter, lui qui riait des drames bourgeois de la Chaussée, et qui ne comprenait pas Shakspeare ? Je le vois d'ici, l'œil en feu, secouer sa perruque et crier aux novateurs : « Arrière, barbares ! vous me changez la scène française en place de grève ! »

Le rôle d'Euterpe, d'Erato et de Polymnie, n'était pas nettement défini. Toutes trois présidaient à la musique proprement dite. Béni soit le nom de ces douces filles !

La poésie épique était l'attribut de Calliope.

La danse, celui de Terpsichore. Du temps de nos pères, l'Opéra était le temple de Terpsichore ; Vestris, *le diou de la danse*, était le favori de Terpsichore ; un grand seigneur qui protégeait un artiste était un protecteur de l'art de Terpsichore.

Uranie, le compas à la main, une sphère sur les genoux, observait les mouvements célestes. Elle donna son nom aux femmes savantes du xviie et du xviiie siècle. Une Uranie bien connue fut la sèche Mme du Châtelet, qui étudiait avec Voltaire le système de Newton.

Ce siècle grossier n'honore plus du nom d'Uranie les dames qui se mêlent d'écrire. Il les appelle insolemment *bas bleus*. Les journaux de province, à qui nous devons l'heureux terme de *décentralisation*, ont beau comparer à Sapho la muse qui pond tous les mois des vers dans leurs colonnes, ils perdent leurs éloges et leurs réclames. Le métier de muse est décrié. On renvoie aujourd'hui la plupart des femmes auteurs aux boutades du bonhomme Chrysale, et aux invectives brutales de Proudhon.

Autrefois, les guerriers et les magistrats abandonnaient le métier de Mars et la balance de Thémis pour se livrer, dans un honorable loisir, au culte paisible des Muses. Tout recueil poétique s'appelait *Abeille du Parnasse*, ou *Jardin du Parnasse*, ou *Conseiller des Muses*. Le poëme épique s'ouvrait de tradition par une invocation aux Muses. De nos jours, les officiers et les juges en retraite ne traduisent plus guère Horace. Le Parnasse n'est plus qu'une montagne de Thessalie, où les brigands détroussent les poëtes en voyage. Le bon goût commence à faire justice des recueils de vers, qui ne sont en général que des compilations malheureuses. La mode est passée des poëmes épiques, et les Muses ont perdu leurs attributs antiques, mais chaque jour nos poëtes leur en rendent de nouveaux. Pour peu qu'ils aient au cœur l'étincelle sacrée, ils voient passer dans leur solitude leurs images rayonnantes et croient sentir sur leur front le souffle vivifiant de leurs ailes. Ils leur parlent, ils les appellent leurs sœurs, leurs fées bienfaisantes ; ils les invoquent, les flattent, les vénèrent et quelquefois les maudissent. Ainsi vont se transformant d'âge en âge ces belles conceptions de l'esprit grec, immortelles comme le génie, dont elles personnifient le caractère divin et la mystérieuse fécondité.

Myrmidons, Hommes-Fourmis.

(Voy. Pygmées.)

La ville d'Égine ayant perdu par la peste jusqu'à son dernier habitant, le bon prince Éaque qui la gouvernait se trouva dans un grand isolement. Il eut recours à Jupiter, qui, prenant pitié d'un roi sans sujets, métamorphosa en hommes les fourmis de l'île et lui improvisa ainsi un peuple en quelques instants. Ces nouveaux Éginètes s'appelèrent Myrmidons, d'un mot grec qui veut dire fourmi.

N. B. Ne pas confondre ces Myrmidons- là avec ceux d'Achille, comme Béranger l'a fait dans une de ses chansons.

Cette fable signifie sans doute que le roi d'Égine répara les désastres du fléau par une bonne administration. Il diminua les impôts, n'entretint pas de grosses armées, ne chercha pas querelle à ses voisins, ne se jeta pas dans des entreprises ruineuses. Ses sujets devinrent laborieux comme des fourmis et se multiplièrent comme elles.

Nous concluons par analogie du petit au faible et du grand au fort, comme du beau au bien et du laid au mal. Nous disons une âme petite, un petit caractère, comme nous disons un grand homme, une grande action. Les fortes races sont pour nous des races de Géants, et les peuples dégénérés des peuples de Myrmidons et de Pygmées.

Myrmidon au figuré est une grosse injure : "« C'est bien à vous, petit ver de terre, petit Myrmidon que vous êtes ! ... » (Molière, *Festin de Pierre*.)"

Myrmidon, synonyme de nain, est une qualification dont les petits hommes, qui sont généralement irascibles, s'offensent avec raison.

Mortels qui mesurez 1 mètre 56 centimètres, taille moyenne, vous trouvez bien ridicules ceux de vos frères qui ont le malheur de lever un peu moins haut que vous la tête sur cette terre où nous rampons : vous les appelez nains, avortons, pygmées, liliputiens, myrmidons, et quand la langue ne vous fournit pas assez d'injures, vous en inventez ; mais songez que les tambours majors vous méprisent, et tâchez d'être plus charitables.

MYTHOLOGIE.

Les novateurs qu'on a appelés, Dieu sait pourquoi, romantiques, ont porté hardiment la faux dans le champ de la mythologie, et moissonné sans pitié les fleurs dont les poëtes, au dernier siècle, remplissaient leurs corbeilles fanées. Leur dessein fut louable et leur entreprise heureuse.

En purgeant la langue de circonlocutions vieillies où se noyait la pensée, ils l'ont rendue plus nette et plus énergique. Notre poésie, chargée de métaphores empruntées à la fable, était devenue une langue savante que le peuple n'entendait plus : en l'allégeant de ce bagage allégorique, ils lui ont rendu ses allures naïves et populaires. S'ils ont fait en Allemagne et en Angleterre des excursions malheureuses, ils en ont rapporté de solides richesses. S'ils ont mortifié notre orgueil national en élevant Goëthe et Shakspeare au-dessus de nos classiques, ils nous ont montré qu'une imitation, même indiscrète, vaut mieux qu'un stérile mépris ; ils ont enflammé la jeunesse, ils lui ont ouvert de nouveaux horizons.

Sans doute ils ont fait plus d'un outrage à la langue (Musset, l'un d'eux, s'en est frappé la poitrine) ; ils ont prodigué l'antithèse, l'apostrophe et les images outrées : ils ont trop souvent oublié que nous avons hérité des Latins la méthode, le bon sens, l'horreur de l'emphase et de l'obscurité. Mais ils ont donné des ailes à la muse lyrique. Elle rampait, elle vole aujourd'hui. Ils ont créé des mètres nouveaux, ciselé la strophe avec un art inconnu à leurs devanciers, enrichi de rimes nombreuses notre prosodie indigente. Leurs hardiesses mêmes nous ont été profitables. Elles nous ont appris à oser. Les genres ont perdu leurs limites arbitraires ; la critique n'ose plus imposer aux œuvres de l'esprit des règles de con-vention : à la périphrase, qui fait timidement le tour de la pensée, nous ne craignons plus de substituer le mot propre, qui l'aborde franchement. Voilà de grands services.

Mais, par la barbe de Jupiter ! fallait-il brûler les anciens dieux, pour en adorer de nouveaux ? La poésie ne vit-elle que de mythes et de traditions religieuses ? Ah ! que Boileau avait bien raison quand il défendait de toucher aux mystères de la foi chrétienne ! La foi n'offre à l'esprit du chrétien que des abstractions. Leur donner un corps, c'est tomber dans l'idolâtrie, c'est profaner les mystères.

Connaissez-vous le pays où fleurit l'abstraction ? C'est l'Allemagne, qui admire la *Messiade* de Klopstoch. Mais comment l'école moderne n'a-t-elle pas compris que ce genre de merveilleux ne pouvait s'acclimater dans la patrie de Voltaire ?

Je ne parle pas des lutins, des gnomes, des follets et des farfadets. Nous les avons déjà renvoyés dans les brouillards de l'Écosse et de la Scandinavie. Les fantasques créations de l'imagination rêveuse des hommes du Nord se sont dissi-pées au souffle du bon sens gaulois, comme les fantômes aux premières lueurs du jour. Nous vivons dans un siècle qu'on ne berce pas avec des contes d'enfant, parce qu'il n'a ni la crédulité ni l'imagination des enfants. Il faut lui parler de ce qu'il aime, de ce qu'il comprend, de la paix du foyer, des luttes de la liberté, des conquêtes de la science, des saintes joies du travail.

Les traditions s'altèrent, mais la nature ne change ni ne vieillit. Les peuples jeunes l'aiment d'instinct ; les âges civili-sés ont pour elle une tendresse réfléchie, plus profonde peut-être. C'est une mère dont l'absence les fait soupirer. Il faut l'étudier avec passion, avec patience, prendre au besoin la loupe du savant, arracher un à un les voiles dont elles se couvre, et nous la présenter dans sa chaste et poétique nudité.

Voilà ce que doit faire le poëte, et non pas rendre une vie artificielle à des fictions mortes avec les erreurs qui les ont inspirées.

NARCISSE.

Fut, au temps de la Fable, un jeune fat qui s'aimait trop pour aimer autre chose que lui-même. Une nymphe en devint amoureuse (voyez la folie des femmes !). C'était la pauvre Écho. Rebutée par le jeune beau, elle se dessécha au point qu'il ne resta d'elle qu'une voix, celle qui du fond des bois et des creux des rochers répond si tristement à ceux qui l'interrogent. Écho fut bien vengée, car Narcisse, toujours épris de lui-même, passa son temps à se mirer dans une source et s'oublia, jusqu'à en mourir, dans cette extatique contemplation.

Les Narcisses d'aujourd'hui ne meurent plus de cette passion-là.

Il en est deux espèces : ceux qui sont contents de leur figure et ceux qui le sont de leur esprit. Les premiers passent pour plus ridicules, je ne sais pourquoi. On les appelle beaux Narcisses, on les crible de traits qu'ils ne sentent pas. Les hommes n'ont pas honte d'en être jaloux, et les femmes n'osent les défendre parce qu'elles craignent de révéler leur faible. Quant à ces hommes fortunés, heureux, confiants, épanouis dans leur sottise, imperturbables dans leur bonne opinion d'eux-mêmes, souriant à la critique comme à l'éloge, ils passent dans le monde avec un succès dont ils sont les seuls qui ne s'étonnent pas.

Des autres Narcisses, je ne dirai rien, parce qu'ils sont trop nombreux et qu'il y aurait trop à en dire. La Fontaine les renvoie à La Rochefoucault, l'auteur des *Maximes*, et les engage à se mirer dans ce livre où l'on apprend à se haïr soi-même. A quoi bon ? Ils prendraient leur image pour celle du voisin.

On dirait que la bonne nature a pris à tâche de réparer l'imperfection de ses œuvres et de mettre partout le remède à côté du mal. C'est ainsi qu'elle a consolé le rossignol de son plumage en lui donnant la voix, le paon de sa voix en lui donnant son plumage, et les Narcisses de leur sottise en leur donnant la présomption.

NECTAR. AMBROISIE.

"« Le vin, dit la chanson, est un nectar divin. » " C'est aussi l'avis des gourmets, qui vous disent : « Goûtez-moi cela, monsieur ; quelle écorce ! c'est un nectar des dieux. »

La haute éloquence compare quelquefois la flatterie à un nectar dont s'enivrent les rois. Mais la comparaison est bien passée.

Nous n'entrerons pas dans les controverses des casuistes de la mythologie sur la nature de l'ambroisie et du nectar, attendu qu'il importe peu à nos lecteurs de savoir si les dieux buvaient le nectar et mangeaient l'ambroisie, ou s'ils buvaient et mangeaient l'un et l'autre.

Le poëte Ibicus prétend que "l'ambroisie est neuf fois plus douce que le miel, et qu'à manger du miel on éprouve seulement la neuvième partie du plaisir qu'on aurait en mangeant de l'ambroisie ". On se demande où le poëte Ibicus avait pu en goûter, pour être si bien renseigné.

Hébé, la Jeunesse, versait aux dieux le divin breuvage. Ganymède lui succéda dans cet emploi. Un jour Vulcain voulut remplacer Ganymède ; mais à le voir entrer clopin-clopant, la coupe à la main, dans la salle des banquets, les Immortels furent pris d'un rire inextinguible, et le noir échanson s'alla cacher de honte dans sa forge enfumée.

NESTOR.

Au siège de Troie, Nestor, roi de Pylos, avait déjà vu passer deux générations et vivait avec la troisième.

Il avait l'éloquence persuasive qui convient à un *pasteur de peuples*. "« La parole, dit Homère, coulait de ses lèvres, plus douce que le miel. »"

Les Grecs le respectaient et l'aimaient comme un père. Agamemnon, le général en chef, le consulte dans les circonstances difficiles ; les plus hautains et les plus turbulents l'écoutent avec une pieuse déférence. Il intervient dans les querelles des rois en arbitre et en conciliateur, et c'est plaisir d'entendre comme il leur parle : "« Laissez-vous persuader, vous êtes plus jeunes que moi ; j'ai vécu dans mon temps avec des hommes plus braves que vous, qui ne dédaignaient pas mes avis ; faites comme eux, écoutez-moi, vous vous en trouverez bien. » "

Il est un peu prolixe en ses discours, surtout quand les souvenirs du passé lui reviennent au cœur. C'est le défaut des vieillards : "« Ah ! si j'avais ma force et ma jeunesse d'autrefois ! » " Et après ce préambule invariable, le voilà qui raconte aux Grecs les géants redoutables qu'il a vaincus, le détail des combats, les noms des adversaires, leurs hauts faits, leur généalogie. Quelquefois, c'est sur les champs de bataille qu'il fait ses longs récits : le danger est pressant, les traits pleuvent, rien ne trouble sa mémoire impassible ; il ne fait grâce à ses auditeurs d'aucun détail, et jamais personne ne songe à l'interrompre. En somme, c'est une figure aimable et sympathique que celle de ce bon vieillard Nestor. Il parle longuement, mais il ne disserte pas comme Mentor ; il n'est comme lui ni morose ni grondeur. S'il vante le bon vieux temps, c'est par complaisance pour ses jeunes années, et non par esprit de dénigrement. S'il blâme ou s'il conseille, c'est sans aigreur et d'un ton paternel et presque en s'excusant. "« Tu es un brave dans le combat, dit-il à Diomède, et dans le conseil tu l'emportes sur tous ceux de ton âge. Personne entre les Grecs ne blâmera tes paroles et ne voudra te contredire. Mais tu n'as pas atteint le but de ton discours. Tu es jeune et tu pourrais être le dernier en âge de mes fils. » "

Qu'ils sont rares ces vieillards-là, et qu'il y a loin de cette bonhomie à la sagesse dogmatique et un peu gourmée du précepteur de Télémaque ! Aussi, voyez comme ces deux types ont obtenu dans notre langue des lots différents. Nestor est resté le patron vénéré de la vieillesse, et Mentor est devenu celui des gouverneurs incommodes, des censeurs difficiles et des moralistes sentencieux.

Nestor est le synonyme bienveillant et inoffensif de doyen. On dit le Nestor de la diplomatie, le Nestor de la critique, le Nestor de la magistrature, le Nestor de l'Académie, etc.

OMBRES.

(Voir Mânes.) Il est clair que ce terme, pris dans son acception religieuse, n'offre aucun sens raisonnable à des chrétiens, et qu'il ne serait pas resté dans notre langue, si un long usage poétique ne l'avait consacré. La croyance à l'immortalité de l'âme n'était pas un dogme chez les anciens comme chez nous. Ne voyant d'eux que leur corps, c'était aussi dans leur corps qu'ils espéraient revivre, ou plutôt dans l'image de leur corps. Car les corps eux-mêmes étaient destinés au bûcher : la mort ne leur enlevait que le mouvement, qui pouvait leur être rendu ; mais la flamme, en réduisant leur substance à une poignée de cendres, rendait leur ruine irréparable. Ulysse, dans l'*Odyssée*, demande à sa mère Anticlée pourquoi elle se refuse à ses embrassements. "« Telle est, lui répond Anticlée, la condition des mortels ; après la mort, ils n'ont plus ni chairs, ni os, ni muscles ; l'action violente du feu les consume quand la vie s'est retirée du corps ; mais l'âme, pareille à un songe, s'est déjà envolée. » " Cette âme, pareille à un songe, n'est évidemment pas l'élément spirituel, simple et impérissable que la conscience nous révèle ; c'est un souffle, une image, une représentation vide et creuse des corps qui ne sont plus.

Ces images étaient, si l'on peut s'exprimer ainsi, des âmes matérielles. Même après la mort, des liens mystérieux les rattachaient à leurs corps. Quand ceux-ci restaient sans sépulture, elles n'avaient pas accès dans la maison de Pluton ; les autres fantômes les repoussaient. Avant la crémation, pendant qu'elles erraient encore sans asile, on pouvait les rappeler auprès du corps, en répandant du vin autour du bûcher. Mais, une fois les rites funèbres accomplis et les portes d'airain de la mort fermées sur elles, la magie seule pouvait les évoquer.

Elles tenaient des esprits par cette forme vaporeuse, diaphane, impalpable, qui fait qu' Homère les compare au songe et à la fumée. "« Il y a bien aussi chez Pluton, dit-il, des existences et des formes, mais le sentiment n'y est plus. » "

Elles tenaient des corps par une foule d'autres points. Elles buvaient le vin des libations ou le sang des victimes. Elles poussaient, en s'envolant, de faibles cris plaintifs. Elles gardaient non-seulement la forme générale des corps qu'elles avaient quittés, mais l'empreinte des blessures ou des mutilations qu'ils avaient reçues, l'expression de désespoir ou de férocité qui avait accompagné la mort. Elles emportaient des gages matériels de l'affection des vivants. Ainsi Achille met entre les mains de Patrocle mort les boucles de ses cheveux. Enfin elles aimaient à retrouver en enfer leurs occupations terrestres et les objets qui leur avaient été chers. Ainsi Orion poursuit les bêtes fauves parmi les champs d'asphodèles ; Hercule marche l'arc en main, la flèche sur la corde, toujours dans l'attitude d'un archer qui va tirer. Elpénor veut qu'on dépose sa rame sur son tombeau. Dans le bûcher de Patrocle on jette les chiens et les chevaux qu'il a aimés. On brûle même avec lui des prisonniers phrygiens, qui lui feront en enfer un cortége triomphal.

Quelques personnes, après avoir lu ces détails, seront peut-être tentées, dans un mouvement de zèle pieux, de rayer les ombres de leur vocabulaire. Elles auraient tort : car non-seulement toute l'antiquité, mais tout le moyen âge, a cru aux fantômes. La *Bible* nous montre l'ombre de Samuel évoquée par une pythonisse, et l'Église ne défend pas de croire aux apparitions. D'ailleurs, quand les païens auraient seuls ajouté foi aux ombres, on n'est pas païen pour emprunter un mot à leur langue religieuse. Chacun sent bien que, quand on lui parle, de l'ombre d'un défunt, c'est de son âme qu'il s'agit, et non de la forme creuse de son corps. Cela est si vrai, que les deux mots s'emploient quelquefois indifféremment l'un pour l'autre. — O Fabricius ! qu'eût pensé votre grande âme ? — Enfin il faut songer que les poëtes, qui doivent parler à nos sens et à notre imagination, ne peuvent nous rendre les âmes visibles sans les envelopper d'une sorte de nuage, pareil à celui dans lequel Homère fait descendre les dieux. Ce nuage, c'est l'ombre.

Son ombre vers mon lit a paru se baisser,

dit Racine, dans *Athalie* ; mettez :

Son âme vers mon lit a paru se baisser,

le sens reste le même. Mais vous figurez-vous une âme qui se baisse, et Athalie qui tend les bras pour l'embrasser ?

Où les philosophes ne voient que des essences et des entités, les poëtes verront toujours des images et des ombres, qu'ils soient païens comme Virgile ou jansénistes comme Racine. Supposez qu'un théologien, après avoir fait un traité sur l'âme, s'avise de la chanter en vers ; il faudra qu'il en fasse une ombre lumineuse, qu'il lui donne des ailes, une robe blanche, ou qu'il se résigne à n'être lu que des théologiens, ses confrères.

Les ombres ont joué un grand rôle sur tous les théâtres du monde ; mais c'était au temps où il y avait des sorciers. Aujourd'hui elles ne sont plus que des machines dramatiques, et les tombeaux à apparitions des boîtes à surprise, qu'on n'ose guère ouvrir qu'à l'Opéra.

Une ombre classique fameuse est celle de Ninus, dans la *Sémiramis* de Voltaire. Si Voltaire est resté inférieur à ses deux devanciers, ce n'est certes pas l'audace qui lui a manqué. Montrer un spectre à un public de philosophes, de marquis et de gens de lettres, en plein dix-huitième siècle, sur un théâtre où on n'en avait jamais vu qu'en récit, n'était pas une innovation sans danger. Mais l'exemple de Shakspeare, qu'il admirait plus peut-être qu'il ne voulait l'avouer, l'avait tenté. Le fantôme d'Hamlet, si populaire en Angleterre, le poursuivait dans ses rêves. Il lui semblait qu'une ombre manquait à sa gloire et à celle du théâtre français. La difficulté pour lui n'était pas d'en trouver une ; elles abondent dans la légende et dans l'histoire, il n'avait qu'à choisir. Mais il fallait la présenter décemment, et, s'il ne pouvait la rendre terrible, la sauver du ridicule en la rendant imposante par la pompe du décor.

La nouvelle machine fut bientôt montée ; mais, au moment de la présenter au public, ses terreurs commencèrent. Il lui revint alors en mémoire que le siècle de Louis XV n'était pas celui d'Élisabeth, et qu'il avait été plus facile à Shakspeare de faire défiler dans une seule scène une procession de onze revenants qu'il ne l'était à un auteur français d'en évoquer un seul. "« Je défie l'ombre de Ninus, écrit-il à un ami, d'avoir l'air plus ombre que moi. Je crois que la peur m'a encore maigri. » " Pour se rassurer, il invoque toutes les autorités : celle des Grecs, qui ont toujours cru à ces prodiges ; celles des Pères de l'Église eux-mêmes, qui ne les regardent pas comme impossibles. Ah ! si les Parisiens voulaient prendre au sérieux les fantômes une soirée seulement !

Les philosophes, ses amis, se moquent de son ombre, il s'en moque avec eux en famille. Ce n'est pas qu'il tienne à cet épouvantail dramatique, mais il veut réformer notre scène, qui est trop timide ; il veut transporter la tragédie grecque à Paris. Enfin le grand jour arrive ; la trappe fait à point nommé son mouvement de bascule ; Ninus sort du tombeau, Sémiramis y entre, et le public reste froid comme la pièce.

Tout autre aurait renoncé à cette fantasmagorie. Voltaire retouche son œuvre intrépidement. Il veut que le public s'accoutume au *colin-maillard* du tombeau. Il réforme tout en même temps : le plan, le style et les décors. — L'ombre ne sera plus vêtue de noir, je veux qu'elle soit toute blanche, portant cuirasse dorée, sceptre à la main et couronne en tête. Il ne faut pas que Ninus soit enterré comme un gredin ; vite qu'on lui fasse un monument plus digne de sa naissance ! Avec son embonpoint de moine, l'acteur Legrand est un spectre invraisemblable. On le prendrait pour le portier du mausolée.

Cette fois la pièce réussit, mais il fallut essuyer les sarcasmes de Frédéric et ses justes critiques ; il fallut avouer que l'ombre n'était qu'un accessoire, qu'on pouvait s'en passer, que rien n'était plus aisé.

Une parodie menaçait à l'horizon. Il fallut conjurer Mme de Pompadour de sauver Ninus de cet affront mortel, auquel il ne survivrait pas. Car une ombre parodiée est une ombre perdue.

Voilà ce qu'une méchante innovation dramatique valait de tribulations à son auteur, dans un siècle où l'on prétendait tout innover. Il en avait moins coûté à Eschyle de faire apparaître l'ombre de Darius ; mais les Athéniens d'Athènes étaient plus crédules que ceux de Paris.

Le beau temps des fantômes commence à revenir. Nous avons, grâce à Dieu, des prestidigitateurs qui font sortir très-subtilement de leurs gobelets de petites ombres de salon fort amusantes, qui parlent, écrivent, frappent aux murs, soufflent les chandelles, renversent les meubles. Il est vrai qu'elles ne se montrent pas encore, mais cela viendra : il faut bien leur donner le temps de se familiariser.

ORACLES.

Il semble que les hommes ne se croient pas assez malheureux, puisqu'ils prennent plaisir à surcharger leurs maux présents des inquiétudes de l'avenir. C'est en vain que la bonne et sage nature leur a dérobé la connaissance de l'heure future : il faut qu'ils soulèvent un coin du voile qui sépare demain d'aujourd'hui. Prenez de tous les mortels le plus affligé du sort, le plus *"enfumé de misère et de calamité"*

Rabelais

, le paysan de la Fable, par exemple :

En est-il un plus pauvre en la machine ronde ?

Point de pain quelquefois, et jamais de repos.

Sa femme, ses enfants, les soldats, les impôts,

    Les créanciers et la corvée,

Lui font d'un malheureux la peinture achevée.

La Fontaine

A peine arrivé au gîte et débarrassé de son fardeau, le bonhomme ira consulter la diseuse de bonne aventure. — Eh ! mon ami, que t'apprendra-t-elle ? Que tu es né pour souffrir et pour mourir. Regarde les animaux : quand leur tâche est finie, ils se couchent oublieux de la veille, insoucieux du lendemain. Ils se disent que chaque jour amène sa peine, et s'endorment sur cette pensée philosophique. Les animaux sont plus sages que toi. J'ajoute qu'ils sont moins orgueilleux, attendu qu'ils n'ont pas comme toi l'insolence de rapporter tout à eux et de se faire le centre de l'univers. Ainsi ton âne ne croit pas son existence d'âne menacée par une éclipse, par une comète, par une aurore boréale ; et s'il a par aventure rêvé double charge ou coups de bâton, il ne court pas tout éploré demander à l'oracle si l'année sera mauvaise pour les chardons, et si la paille manquera à sa litière ou le foin à son râtelier.

Je suis vraiment fâché de passer sans transition d'un âne au peuple grec ; mais l'âne ne sera pas plus fier du rapprochement, et si les Grecs en sont humiliés, tant pis pour les Grecs ! Pourquoi étaient-ils assez simples pour croire aux oracles ? Pourquoi élevaient-ils partout des temples à la divination, à Delphes, à Mycènes, à Claros, à Hiéropolis, à Pataras, à Olympie, à Epidaure, à Athènes ? Pourquoi consultaient-ils les chênes de la forêt de Dodone et l'antre de Trophonius ? Pourquoi attribuaient-ils une vertu prophétique à la peau du serpent Python et au trépied de la Pythie ? Pourquoi les Romains n'étaient-ils pas plus sensés et n'osaient-ils faire un pas sans consulter le vol des oiseaux, les entrailles des victimes, l'appétit des poulets sacrés et les livres sybillins ? Pourquoi les Égyptiens....

Mais ne les pressons pas trop de questions, car ils pourraient nous répondre à leur tour : — Vous qui êtes aujourd'hui si fiers de votre sagesse, pourquoi avez-vous cru longtemps à la sorcellerie, aux revenants, aux évocations, au sabbat, à la magie blanche, aux apparitions du diable, aux maléfices, aux envoûtements et au trou de saint Patrice ?

Pourquoi au xviiie siècle, en pleine philosophie, avez-vous été dupes de l'illuminisme, de la cuve de Mesmer et de l'imposture de Cagliostro ? Pourquoi ne rougissez-vous pas encore à présent d'ajouter foi au somnambulisme, au spiritisme et aux tables prophétisantes ?

Hélas ! pauvres mortels que nous sommes, confessons notre misère, et tous, Grecs, Romains, Égyptiens, Français, humilions-nous ensemble, frappons notre poitrine et répétons tous en chœur : Pourquoi les hommes sont-ils faibles et crédules ? ou plutôt : Pourquoi les hommes sont-ils des hommes ?

N'est-ce pas, en effet, une chose bien humiliante pour nous que cette vitalité puissante de l'erreur qui résiste à tout, à la critique des sages, aux découvertes de la science, aux progrès de l'éducation publique ; qui, battue sur un point, renaît aussitôt sur un autre, et ne recule un instant devant la vérité que pour la faire reculer à son tour et regagner le terrain perdu ?

Ce qui doit nous consoler pourtant et nous rendre confiance, c'est que dans tous les âges il s'est trouvé de nobles et vaillants esprits qui ont protesté, au nom du bon sens, contre la folie universelle. Saluons, quand nous les rencontrerons, ces noms glorieux qui font honneur à l'humanité, et tâchons, s'il est possible, d'être du petit nombre des sages.

Aujourd'hui nous n'avons plus d'oracles officiels : c'est toujours autant de gagné sur les anciens. Mais, si la chose a péri, le nom est resté. Oracle se dit du prophète et de la prophétie : — L'oracle a parlé, il a prononcé son oracle.

Les devins en imposaient aux simples par l'emphase et la solennité de leur début. Ils s'exprimaient, et pour cause, en termes couverts et ambigus. De là ces expressions : — Prendre un ton d'oracle, rendre ses oracles ; je ne comprends pas vos oracles.

Le peuple dit encore d'un bon chanteur : — Il chante comme un oracle. Les devins, en effet, chantaient leurs prédictions, mais l'histoire ne dit pas s'ils chantaient bien.

Pactole. Midas.

Le Pactole était un fleuve de Phrygie qui roulait de l'or dans son lit. De là vient que l'on dit d'un prodigue que sa bourse est un Pactole où chacun peut puiser, d'un avare qu'il se noierait dans le Pactole, d'un comptable suspect qu'il ne peut mettre la main dans le Pactole de sa caisse sans en retirer des paillettes, etc.

Je ne sais rien de plus charmant que la curiosité des peuples primitifs, si ce n'est celle des enfants. Ce n'est pas encore l'inquiétude de la raison, c'est le premier éveil de l'imagination. Tous les phénomènes les étonnent, mais aussi toutes les réponses les satisfont, pourvu qu'elles présentent à leurs esprits des images sensibles. Ils se payent de mots et de légendes, et croient un mystère expliqué par un autre mystère.

Un orage terrible, aux yeux des matelots,

C'est Neptune en courroux qui gourmande les flots.

Écho n'est plus un son qui dans l'air retentisse,

C'est une nymphe en pleurs qui se plaint de Narcisse.

Boileau

D'où viennent les éruptions de l'Etna ? Des forges des Cyclopes que le volcan recèle dans ses entrailles.

Et ses commotions ? Des soubresauts d'un Titan qu'il écrase de sa masse.

Pourquoi l'aigle plane-t-il au-dessus des nuages ? Parce qu'il porte les foudres de Jupiter.

Pourquoi les eaux du Pactole contiennent-elles de l'or ? Parce que le roi Midas s'y est baigné.

Racontons la légende de Midas. C'était au bon temps où les hommes et les dieux vivaient fraternellement sur la terre. Midas, roi de Phrygie, avait reçu chez lui et traité magnifi-quement Silène, le précepteur et l'ami de Bacchus. Le dieu reconnaissant permit au monarque de faire un vœu, s'enga-geant à le satisfaire. Qu'auriez-vous souhaité à sa place, ami lecteur ? Je vous vois bien embarrassé. Midas le fut moins : sans hésiter, il demanda le pouvoir de convertir en or tout ce qu'il toucherait. Salomon, plus prudent, avait demandé la sagesse. Mais, pour un Salomon, combien on trouverait de Midas ! Bacchus, non sans rire, exauce la prière du monar-que, qui se hâte de faire l'essai de sa magique influence. Arbres, fruits, moissons, palais, tout ce qu'il touche aussitôt devient or ; l'or, au contact de sa main, se multiplie sous les formes les plus variées : chacun de ses gestes enfante des merveilles. Mais voilà qu'au milieu de ses métamorphoses l'appétit lui vient : il s'assied à une table opulente, il veut manger, l'or étincelle et craque sous ses dents ; il veut boire, l'or ruisselle du vase dans sa bouche. Misérable au milieu de ses trésors, il pleure, il se désespère, il envie le sort du der-nier paysan, il maudit sa sottise et les faveurs perfides du dieu, il le supplie de lui retirer un pouvoir qui l'enrichit et qui l'affame. Bacchus, satisfait de l'épreuve, lui conseille de re-monter à la source du Pactole et de s'y baigner neuf fois. Il obéit, et, en perdant la vertu de tout transformer en or, la communique au fleuve.

Le même Midas (la Fable est pleine de légendes sur ce brave roi phrygien), le même Midas prouva, dans une autre occasion, que le bon goût est frère du bon sens, et que l'un ne marche jamais sans l'autre. Pan, le flûtiste, et Apollon, le lyrique, disputaient un jour du mérite et du prix de leur art. Choisi pour arbitre par les deux rivaux, il préféra sottement la flûte à la lyre, l'idylle à l'épopée. Apollon était dieu, il était artiste, partant doublement susceptible. Il avait écorché vif le satyre Marsyas, un autre rival, coupable seulement d'un peu de présomption. Cette fois sa vengeance fut plus douce et aussi plus spirituelle : il punit Midas en lui donnant des oreilles d'âne.

Cette nouvelle mésaventure du Phrygien contient un sens satirique qui n'a pas échappé à la pénétration des poëtes. On sait qu'avant que les grands écrivains du dix-septième siècle eussent consacré la dignité des lettres par leur caractère autant que par leur génie, les poëtes ne vivaient guère que de la libéralité des princes et des financiers. A quelques rares élus leurs louanges et leurs dédicaces valaient des rentes, des bénéfices et l'estime de la cour ; aux autres, deux ou trois écus par sonnet, un logement sous les combles et le mépris de la livrée. Tout n'est qu'heur et malheur dans ce monde.

Ces derniers, commensaux et parasites de leur riche protecteur, subissaient patiemment ses rebuts et ses éloges, plus humiliants pour eux quelquefois que ses rebuts. En public ils le flattaient, ils l'appelaient Mécène, — et Midas en secret, pour se venger. Si cette revanche de l'esprit humilié par la fortune était cruelle, il faut bien reconnaître qu'elle était souvent légitime. Plus d'un seigneur justifiait l'épigramme qui dit que *"les oreilles des grands sont parfois de grandes oreilles*". Et quant aux financiers, ou, comme on disait alors, aux partisans, c'étaient des parvenus ignorants qui, pour singer la cour, prenaient des airs de connaisseurs et décourageaient les artistes en voulant encourager les arts.

Un glorieux type de Midas, c'est ce bon M. Jourdain, dont les réjouissantes naïvetés nous amusent encore. Lui aussi encourage les arts à sa manière. Il prend un maître de philosophie pour apprendre l'orthographe ; il demande à un musicien de jouer "*sa petite drôlerie*"

Voltaire

; il veut qu'on introduise la trompette marine dans les concerts.

Au siècle suivant, M. Jourdain, devenu Turcaret, continue à encourager les arts. Il a conservé son goût pour la trompette marine, mais il a perdu sa bonhomie et son innocence antique. Il ne gémit plus de son ignorance, il en triomphe ; il s'épanouit dans sa sottise prétentieuse ; il étale insolemment son oreille velue. Il n'a pas encore appris l'orthographe, mais il sait distinguer les vers de la prose, et *trousse* des madrigaux à sa façon. Midas s'est fait bel esprit et essaye des airs de pont-neuf sur la lyre d'Apollon.

PALLADIUM.

Les Palladium étaient des images sacrées tombées du ciel, et à la conservation desquelles le salut des villes était attaché. Le plus fameux fut cette statue de Pallas, que les Troyens placèrent dans leur citadelle et qui ne sut pas se défendre lui-même.

Toutes les choses de ce monde sont passagères, et quand le terme fatal arrive, il faut qu'elles périssent et les Palladium avec elles. Je me souviens du temps où les journaux appelaient la charte le Palladium de nos libertés. Où est la charte maintenant ?... Mais où sont les *établissements* de Saint-Louis et les franchises des communes ?

PÉNÉLOPE.

Femme d'Ulysse, attendit vingt ans le retour de son mari parti pour la guerre. Elle avait promis à ses nombreux prétendants de choisir un époux parmi eux quand elle aurait achevé une tapisserie commencée ; mais elle défaisait la nuit ce qu'elle faisait le jour.

La malice gauloise, qui ne respecte rien, n'a pas manqué de s'égayer sur le compte de l'austère princesse, dont le nom est devenu le synonyme de vertu revêche. Aussi les honnêtes femmes n'y voient qu'un éloge ironique, et l'appliquer aux autres c'est perdre ses épigrammes.

La toile de Pénélope est restée justement célèbre. Ce mythe nous enseigne (pour parler comme Ésope) que le travail est la sauvegarde de la sainteté du foyer. Pénélope brode en l'absence de son mari ; Sextus trouve Lucrèce occupée à filer la laine au logis. La corruption commence à Rome quand les femmes apportent en mariage, avec de riches dots, le droit d'être oisives. On compare à la toile de Pénélope :

1° Les œuvres qui, souvent abandonnées, souvent reprises, ne s'achèvent pas, comme le *dictionnaire de l'Académie* ;

2° Les œuvres impossibles qu'on s'obstine à vouloir faire : ainsi chercher la pierre philosophale et le mouvement perpétuel, c'est travailler à la toile de Pénélope ;

3° Celles qui, passagères ou imparfaites, sont toujours à recommencer ou à restaurer. Exemple : les systèmes de philosophie, les hypothèses savantes, l'interprétation des symboles, l'explication des hiéroglyphes et les traités de 1815.

Pomme de discorde.

Il faut bien que la pomme soit un fruit maudit, puisqu'elle a perdu nos premiers parents et allumé la guerre de Troie.

Ceux qui aiment les longues histoires, et qui sont curieux d'apprendre par quel enchaînement de causes secondes les malheurs de Troie sortirent d'une pomme, n'ont qu'à ouvrir le premier traité de mythologie qui leur tombera sous la main. Ils y verront comment la Discorde s'invita elle-même aux noces de Thétis et de Pélée, comment, au milieu du festin, elle jeta sur la table une pomme d'or avec cette inscription : *A la plus belle* ! comment Minerve, Junon et Vénus se disputèrent ce présent, et comment enfin Paris, en adjugeant le prix à la dernière, attira sur sa patrie d'effroyables désastres.

Nous n'entrerons pas ici dans les détails de cette légende si poétique et si connue ; nous nous contenterons d'en déduire le sens historique.

Le mariage symbolique de Thétis, la reine des flots, avec Pélée, un simple mortel, c'est l'empire que les hommes sont appelés à exercer sur la mer. L'Europe et l'Asie-se disputent l'honneur de jeter à la déesse leur anneau de fiançailles. Laquelle l'emportera ? L'Europe a pour elle Junon et Minerve : Junon, la gravité avec l'amour conjugal ; Minerve, l'intelligence, le courage guerrier, tempéré par la discipline et la prudence. Du côté de l'Asie est Vénus, c'est-à-dire les plaisirs, les amours et la mollesse[7]. Vénus est vaincue par ses deux rivales, ou, pour parler sans image, les fortes vertus de la Grèce triomphent des vices de l'Asie efféminée.

C'est ainsi que l'imagination des Grecs enveloppait d'allégories charmantes non-seulement les causes cachées des phénomènes naturels, mais les antiques origines de leur histoire. Cette lutte qui commence à la guerre de Troie et qui finit à l'expédition d'Alexandre, ils la transforment en un grand drame qui a pour théâtre le ciel et la terre, et où les dieux interviennent pour personnifier le génie, les intérêts et les passions des deux races opposées.

« Jeter une pomme de discorde » est une expression encore très-usitée, qui correspond à celles-ci : « Semer la brouille, la zizanie, la discorde. »

On ne saurait trop répéter que l'abus des métaphores est le fléau du style. Mais s'il y avait un choix à faire parmi les figures outrées, on devrait proscrire surtout celles qui sont tirées de la Fable, comme sentant leur pédantisme.

Je trouve dans un abrégé d'histoire cette jolie phrase : "« La Sicile semblait jetée comme une pomme de discorde entre Rome et Carthage. » "

Un autre compilateur viendra ensuite qui dira : "« La Sicile était une pomme de discorde jetée entre Rome et Carthage. » "

Prométhée.

Au temps où les dieux n'avaient pas encore oublié leur parenté avec les fils de la Terre, Prométhée, un des Titans, était admis dans la maison de l'Olympe et s'asseyait à la table des dieux. Au milieu de ses grandeurs, il n'oublia pas la terre, sa patrie. Ne voulant pas qu'une si belle demeure restât inhabitée, il déroba au ciel le principe de la vie et le communiqua à un morceau d'argile pétri par ses mains. Cette argile, c'est l'homme. Aucuns disent qu'après avoir fait son œuvre, il emprunta à divers animaux les principaux traits de leur caractère pour les lui donner ; qu'ainsi il lui attribua la poltronnerie du lièvre, l'astuce du renard, la malice du singe, la fatuité du paon, la férocité du tigre, la colère et l'orgueil du lion. Mais ceux-là sont des médisants qu'il ne faut pas croire.

L'homme formé, il fallait bien pourvoir à sa conservation. Car nu, désarmé, frileux comme il était en sortant des mains de l'ouvrier, il n'aurait pas tardé à rentrer dans la boue dont il était sorti. Le plus pressant était de lui donner le feu dont il manquait. Le feu, dont le soleil est le foyer sacré, est l'âme du monde, le principe de toute existence et de toute végétation. Prométhée l'enleva au ciel et l'apporta sur la terre.

C'était peu de lui avoir assuré la vie, son bienfaiteur pourvut au maintien de sa santé. Il lui enseigna les vertus des plantes médicinales et l'emploi des breuvages salutaires.

Cependant Jupiter, oisif au fond du ciel, suivait d'un œil jaloux et inquiet les progrès de la race humaine. Il prévoyait que ce nouvel être d'apparence si chétive pouvait devenir redoutable. Il n'ignorait pas que Prométhée lui avait donné une parcelle de l'intelligence divine, et, avec une immense ambition, le désir et les moyens de la satisfaire. — S'il lui prenait envie d'escalader le ciel et de détrôner les dieux pour se mettre à leur place ! — Cette pensée troublait son immortelle sérénité et empoisonnait son ambroisie. Il chargea donc Vulcain de créer une femme avec la même argile dont l'homme était formé. A peine cette créature fut-elle sortie des mains du forgeron divin, que les dieux l'ornèrent de tous les dons et l'appelèrent Pandore, c'est-à-dire la Bien Douée. Jupiter lui donna pour dot une belle boîte d'or qu'elle s'en fut offrir à Prométhée ; mais celui-ci, devinant la fourbe du dieu et sa vengeance, secoua tristement la tête et refusa. Épiméthée, son frère, fut moins sage, il accepta ; et, à peine la boîte ouverte, tous les maux s'envolèrent avec un fracas horrible et s'abattirent sur la terre. C'est ainsi que furent neutralisés les bienfaits du père du genre humain et que Jupiter put boite paisiblement la coupe d'immortalité.

Tranquille du côté des hommes, il songea à se venger de l'auteur de ses craintes. Prométhée avait surpris aux dieux, ses hôtes, le secret de la vie ; il avait dérobé au char du soleil ses rayons de feu ; double crime : abus de confiance et sacrilège.

Pour punir, il ne lui manquait plus qu'un prétexte : Prométhée le lui donna bientôt. Comme tous les inventeurs, il avait en son génie une confiance qui alla une fois jusqu'à la présomption, Il se crut supérieur à Jupiter et voulut d'éprouver. Un jour qu'il venait d'immoler deux taureaux, il mit d'un côté les os, de l'autre les chairs, enveloppa les deux parts dans les peaux des victimes et dit au dieu : « Choisissez. » Jupiter prit au hasard et tomba sur les os.

Vulcain fut encore l'exécuteur de sa vengeance. Il prit un marteau, une enclume, du plomb fondu, des crocs d'airain, et cloua Prométhée au rocher du Caucase. Un vautour, au lever du soleil, s'abattait sur lui et lui rongeait le foie, qui, renaissant la nuit, renouvelait la pâture du monstre et le supplice de la victime. Le demi-dieu supporta son malheur avec une austère et noble résignation : il ne s'abaissa pas à prier son tyran, il ne maudit pas les hommes qui le délaissaient, il repoussa sans haine et sans colère les égoïstes consolations et les lâches conseils des Titans, ses frères. Jupiter fléchit le premier et permit à Hercule de le délivrer.

On lit dans des légendes que ce furent les hommes qui dénoncèrent au dieu leur bienfaiteur après le vol du feu céleste. On les reconnaît bien là. Il est vrai qu'ils lui dressèrent plus tard des autels et lui accordèrent de grands honneurs. C'est encore un trait de leur caractère. A Athènes, on lui avait érigé une chapelle dans l'Académie, et on célébrait en son honneur la course du feu. Des jeunes gens couraient dans la ville avec des torches allumées : celui dont le flambeau venait à s'éteindre se retirait de la lutte et cédait son rang au coureur qui le suivait. Le vainqueur recevait une palme.

La légende de Prométhée est une de celles qui s'anoblissent en vieillissant et gagnent un sens chaque jour plus étendu. C'est le propre de ces belles conceptions du génie grec d'alimenter, sans s'épuiser jamais, les hypothèses les plus hardies des modernes. Pareilles au dieu des mystères orphiques qui porte l'univers entier dans ses vastes flancs, elles portent en elles tous les systèmes. Chaque âge, en les comprenant différemment, les renouvelle : les théories changent ; elles restent, et leur éternelle jeunesse sourit toujours plus fraîche à notre caducité.

Entre le destin de Prométhée et celui des inventeurs, des bienfaiteurs du genre humain, les analogies sont nombreuses et faciles à saisir.

Prométhée est un Titan, un demi-dieu ; — ils dominent les autres hommes par leur génie.

Prométhée communique avec les dieux ; — ils passent pour inspirés.

Prométhée comble les hommes de bienfaits sans leur rien demander ; — ils sont désintéressés et ne nous demandent que la foi en leurs œuvres.

Prométhée est enchaîné et rongé par un vautour ; — leurs chaînes sont la défiance, la moquerie, la jalousie, les obstacles de toute nature ; le vautour, c'est l'idée qui les obsède.

Prométhée est trahi ; — ils sont persécutés. Il reçoit des honneurs divins ; — on leur érige des statues après leur mort.

Quelques interprètes voient en lui la grande personnification de l'humanité, clouée à la triste fatalité de sa condition mortelle, comme le héros à son rocher, mais protestant contre sa misère et son impuissance par ses invincibles aspirations vers l'infini.

Selon d'autres, Prométhée est le Christ des païens, un rédempteur des hommes, qui se dévoue pour leur bonheur.

Nous ne déciderons pas entre ces interprétations diverses : le champ des hypothèses est immense, comme la légende elle-même.

Nos poëtes ont reconnu Napoléon dans le type de Prométhée. De là des strophes retentissantes et de somptueuses métaphores. On voit bien le rocher dans Sainte-Hélène et le vautour dans l'Angleterre ; mais il est difficile de saisir les autres rapports qui peuvent exister entre les deux Titans.

PROTÉE.

Un même principe anime tous les êtres, mais les formes qu'il revêt sont sujettes à des transformations continuelles. On peut dire que le creuset de la nature ne se repose jamais. Non-seulement elle multiplie les espèces, mais dans chaque espèce elle multiplie les variétés, dans chaque individu elle multiplie les changements. Une force latente et toujours active modifie les êtres à tous les instants de leur durée ; mais ce travail imperceptible ne nous frappe qu'à certaines phases où, devenu plus intense, il se révèle par des transformations plus marquées. Ainsi, dans l'homme nous distinguons le passage de l'enfance à l'adolescence, de l'adolescence à la maturité, de la maturité à la vieillesse, de la vieillesse à la décrépitude ; dans la plante, les divers degrés de la germination, de la floraison, de la fructification, etc. Mais entre ces grandes divisions une observation minutieuse pourrait saisir des subdivisions infinies. La destruction même des organes de l'être n'est pas pour la nature un point d'arrêt. A peine sa dépouille est-elle tombée que déjà elle s'en empare et travaille à la transformer, en sorte que chaque vie particulière qui s'éteint rentre aussitôt sous mille formes dans la vie universelle. Souvent même elle n'attend pas la décomposition de l'être pour le métamorphoser ; elle opère sur lui en pleine vie et tire de sa propre substance, sans la détruire, sans l'altérer même, les éléments de sa rénovation. Le même insecte qui tout à l'heure dormait comme engourdi sur sa couche de soie, au plafond de son nid, ou dans son berceau de cocon, s'éveille, secoue son enveloppe : le voilà chrysalide, le voilà papillon. Le coléoptère, après trois ans d'existence souterraine, s'élance tout à coup à la lumière : de larve et de nymphe, il est devenu insecte ailé. La grenouille, la salamandre, certains mollusques, certains crustacés, comme le ménade et le crabe, subissent des métamorphoses analogues avant de prendre leur forme définitive. On dirait que la nature a tenu en réserve ces êtres inférieurs pour manifester sur eux toute l'étendue de son pouvoir.

Frappés de cette loi de rénovation continuelle et de ses effets merveilleux, les Grecs l'ont personnifiée en un dieu marin, Protée, le père des métamorphoses. Heureuse idée de placer l'éternel changement au sein du mouvement éternel. La mer ondoyante et tumultueuse, avec ses aspects variés, ses teintes toujours diverses, ses calmes aussi capricieux que ses colères, n'est-elle pas l'image de la mobilité des choses périssables ?

« Je te salue, Protée, le gardien des clefs de la mer, le premier de tous les êtres, le principe de toute la nature ;

« Le dieu qui modifie la matière sacrée en mille formes particulières ;

« L'auguste, le vénérable, le voyant, qui sait ce qui est,

« Ce qui fut, ce qui sera dans l'avenir ! »

(Chants orphiques.)

Assis sur une conque attelée de phoques, il parcourait tous les sentiers de l'Océan, chassant devant lui les monstrueux troupeaux du sombre abîme. On n'obtenait de lui des oracles qu'en le surprenant dans son lit d'algues marines et en l'enchaînant. Mais comment enchaîner l'irrésistible mouvement de la vie ? Il échappait, par une suite de métamorphoses soudaines, aux mains qui croyaient le saisir : "« tour à tour lion à la forte crinière, serpent, léopard, sanglier énorme, eau glissante, arbre au faîte sublime, flamme pétillante. » (Homère.)"

Nous retrouvons aujourd'hui Protée dans certains logiciens trop subtils, dont Rabelais dit quelque part : "« On pourra d'oresnavant prendre les lions par les crinières, les chevaulx par les crains, les bœufs par les cornes, les buffles par le museau, les loups par la queue, les chièvres par la barbe, les oiseaulx par les pieds ; mais jà ne seront tels philosophes pris par leurs paroles. » "

Nous le retrouvons avec plus de plaisir dans ces esprits souples et charmants qui, prenant sans effort les formes les plus diverses pour nous plaire, enchantent les témoins de leurs métamorphoses et désespèrent leurs imitateurs. Le rayon de soleil qui danse sur l'eau agitée est moins agile ; la cime des blés moins ondoyante ; le regard des étoiles moins scintillant ; les oiseaux-mouches ont moins de nuances ; les brises d'été moins de caprices. Essayez de les saisir. Mais essayez de saisir le papillon, la poudre brillante de ses ailes tombe sous vos doigts ; vous croyez tenir une fleur ailée, vous ne tenez plus qu'une chenille. Si vous rencontrez d'aventure un de ces esprits aériens (bonne fortune rare en ce siècle un peu lourd), ne gâtez pas votre plaisir en cherchant à l'analyser, contentez-vous d'en jouir.

SATURNE.

Quand on voyait autrefois dans les traités et dictionnaires de mythologie puérile que Saturne était un père dénaturé qui mangeait ses enfants aussitôt venus au monde, et que Rhéa sa femme lui donna le change en lui présentant une grosse pierre emmaillotée que l'ogre avala, on croyait lire un conte de Perrault, et on fermait le livre en riant de la gloutonnerie du bon Saturne et de la sotte religion des Grecs. Quant à supposer que ce peuple si ingénieux pouvait cacher quelque idée sous cette légende, personne ne s'en avisait. Comme on en trouvait d'aussi ridicules dans d'autres religions, on jugeait plus sage de s'en gausser que de perdre son temps à les interpréter.

Aujourd'hui qu'une critique moins frivole nous donne la vraie clef de ces mythes antiques, on commence à en admirer le sens profond. Celui de Saturne entre autres est d'une grandeur qui saisit l'imagination.

Représentez-vous les hommes jetés sur la terre nouvelle encore et à peine remise des grandes convulsions qui lui ont donné la forme que nous lui voyons aujourd'hui. Autour d'eux tout est mystère et terreur. Devant les grandes forces de la nature encore grondantes et courroucées, ils sentent leur dénuement et leur infirmité. Ils s'étonnent, ils s'inquiètent : leur curiosité, stimulée par la crainte, interroge tout ce qu'ils voient et ne peuvent comprendre. Ils veulent savoir pourquoi ce qui est n'est pas autrement, ce qui était auparavant, ce qu'ils sont eux-mêmes, d'où ils viennent et où ils retourneront. Et ne croyez pas qu'ils exposent leurs découvertes dans la langue sèche et précise d'un Cuvier, d'un Barthélemy

Saint-Hilaire. Les abstractions ne parleraient pas à leur imagination ardente. Les phénomènes dont ils cherchent la cause, les lois qu'ils découvrent, ils les voient avec les yeux du corps, ils les peignent, ils les désignent par de grandes images qui deviennent plus tard des personnifications vivantes et divines.

Au commencement, disent-ils, était Chaos ; puis naquit Amour (la loi d'attraction), qui agrégea les parties semblables éparses dans la masse, et chaque chose commença à entrer en sa place. Ensuite vinrent Ciel et Terre. De leur hymen naquirent Saturne et les Géants aux cent bras, c'est-à-dire les forces destructives que la terre à son origine recélait dans son sein. Entre Ciel et les Géants commandés par Saturne s'engagea une lutte longtemps indécise. C'est la première période de formation du globe : la mer se déplace, les montagnes se soulèvent, les cratères lancent leurs feux vers le Ciel, qui répond à leurs détonations par le fracas de ses foudres. Enfin Saturne, aidé par sa mère, l'emporte sur Ciel et le détrône. Il prend sa place, épouse Rhéa, sa sœur, et dévore tous ses enfants mâles. Ce qui signifie que sous l'influence de son règne tous les principes fécondants qui veulent se faire jour sont aussitôt étouffés dans la lutte des forces opposées. Cet état de désordre et de confusion générale dure jusqu'à ce que Jupiter (l'atmosphère), dérobé à l'avidité de son père par l'artifice de Rhéa, se soulève contre lui, et après un épouvantable combat le plonge lui et les Géants, ses frères, dans le fond du Tartare. Avec Jupiter s'ouvre l'ère de l'harmonie des éléments et des grandes lois régulières du monde, dont il est la souveraine personnification.

N'est-ce pas qu'auprès de ces explications, les plaisanteries sur la pierre au maillot nous paraissent bien fades ? Mais si vous voulez sentir tout ce qu'il y a de grand dans ces premiers bégayements de la science au berceau, ce n'est pas un commentaire savant qu'il faut lire, c'est Hésiode, le père de la mythologie grecque, qui raconte ces grandes crises avec la précision émue d'un témoin et l'enthousiasme d'un grand poëte.

La légende de Saturne a enrichi notre langue d'une image, d'une seule, mais splendide : — La Révolution est comme Saturne : elle dévore ses enfants. — Depuis 93, on a tant tourné et retourné ce grand mot qu'on l'aurait gâté, s'il pouvait l'être.

SILÈNE.

Précepteur et compagnon de Bacchus. Un des grotes-ques de la Fable, comme on aurait dit au xviie siècle. On n'en finirait pas de conter les réjouissantes aventures dont il fut le héros. En voici une entre mille :

— Bacchus, accompagné de ses Satyres, avait quitté les rives sablonneuses de l'Hèbre. Il y a du sel et de l'agrément dans cette légende.

— Le cortège avait atteint le Rhodope et les penchants fleuris du Pangée ; et cymbales bruyantes de retentir au loin,

— Voici que des essaims d'insectes inconnus, attirés par le bruit, accourent, dociles à cet appel sonore : ce sont les abeilles.

— Bacchus réunit le peuple errant, l'enferme dans le creux d'un arbre, et jouit du miel, fruit de sa découverte.

— Les Satyres et le chauve Silène n'en ont pas sitôt goû-té la saveur, qu'ils s'en vont fouillant la forêt, en quête des jaunes rayons.

— Au fond d'un orme creux le vieillard entend bourdonner un essaim, il découvre des trésors de cire, il fait mystère de sa trouvaille.

— Étalé sur la croupe rebondie de son âne, il lui fait serrer de près l'orme à l'écorce creuse.

— Il s'affermit sur sa bête, et, penché sur le tronc noueux, puise avidement dans les trésors qu'il recèle.

— Mille flèches ailées tourbillonnent, s'enfoncent dans son crâne nu, lui meurtrissent la face.

— Il roule la tête la première, l'âne lui détache une ruade. Il appelle ses compagnons, il crie : Miséricorde !

— Et Satyres d'accourir. On rit du bonhomme de dieu, qui, les joues livides et bouffies, traîne en clochant sa jambe meurtrie. —

(Ovide, Fastes.)

Chauve et camard, la face cramoisie-, l'oreille longue et épaisse, le ventre pointu, les jambes courtes, toujours ivre ou en danger prochain de l'être, roulant comme une outre aux mouvements cadencés de son âne pacifique, et souriant d'un air béat à la troupe dansante des satyres qui l'entourent, voilà Silène.

Reconnaissez-vous votre patron, bonnes panses bourguignonnes ?

Les commentateurs, qui souvent gâtent tout en voulant tout expliquer, n'ont pas manqué d'exercer leur savoir-faire sur ce glorieux Falstaff de l'antiquité. Du joyeux ami de Bacchus ils ont fait une allégorie.

Le bonhomme était gras et replet. — Effet ordinaire des plaisirs de la table.

Il chancelait sur ses jambes. — La débauche engendre toutes les infirmités.

Il voyageait monté sur un âne. — L'ivrognerie alourdit l'homme, l'énerve et lui ôte toute activité.

Enfin l'âne, après sa mort, fut mis au rang des constellations, pour servir d'éternelle leçon aux hommes tentés de suivre l'exemple de son maître.

Ceux qui ont osé travestir de la sorte le bon Silène méritaient de le porter.

Sirènes.

Ce sont les filles de marbre de l'Océan. Belles comme Vénus jusqu'à la ceinture, elles cachaient dans la mer l'épouvantable mystère de leur queue de poisson. Le matelot qui écoutait leur chant perfide était perdu. La rame glissait de ses mains ; il tombait éperdu aux bras des divines chanteuses, qui l'entraînaient dans l'abîme et buvaient le sang du misérable.

Ulysse l'avisé avait entrevu le ventre écailleux du monstre sous la belle poitrine de la nymphe ; aussi le Grec, qui connaissait bien les hommes et leur fragilité, ne perdit pas son temps à endoctriner ses compagnons : il leur boucha les oreilles avec de la cire, et se fit attacher au grand mât.

L'allégorie est saisissante, et Dieu sait si elle a été tournée et retournée en prose et en vers, depuis l'aventure d'Ulysse.

Nous avons des sirènes qui cachent, comme les autres, leur difformité, non pas sous l'azur des flots, mais sous l'ampleur de leurs toilettes extravagantes. Elles n'ont des filles de l'Océan ni la voix, ni même la figure, et n'en sont pas moins redoutables aux passagers.

Balzac, non pas le rhéteur, mais le romancier, en donnant le nom de Torpille à l'une de ces créatures, a baptisé du même coup toute la confrérie.

Sommeil d' Épiménide.

Épiménide était un philosophe de Crète qui s'endormit un jour dans une caverne, et ne se réveilla qu'au bout de cinquante ans.

Qui n'a refait en idée l'histoire d' Épiménide ? Qui n'a réveillé dans sa tombe son héros de prédilection ? Qui n'a dit : « Supposez qu'un tel revienne avec son costume et ses idées d'il y a cent ans, deux cents ans ? Quel ébahissement ! quelle figure de l'autre monde ! »

Pour moi, si j'avais le don d'évocation, j'irais droit aux caveaux de Saint-Denis, et je prendrais par la main non pas Clovis, ni saint Louis, ni même Henri IV, mais Louis XIV, qui ne dort que depuis cent cinquante ans environ. Je le mettrais en chemin de fer, et, descendu à la gare du Nord, je lui dirais : « Vous êtes dans votre capitale, sire ; demandez le chemin du Louvre, on vous l'indiquera. »

A qui me proposerait un sommeil d'un siècle, je demanderais quarante ans pour réfléchir. — Quoi ! vous ne seriez pas curieux de voir la figure de vos arrière-neveux ! — Et quand je l'aurais vue ? Nos descendants, je suppose, ne seront pas bâtis autrement que nous. Il y aura parmi eux des fripons et des honnêtes gens, des hommes d'esprit et des sots, ces derniers en très-grand nombre comme chez nous. Ils liront, comme nous, beaucoup de méchants livres, applaudiront des sottises au théâtre, renverseront leurs gouvernements et s'en repentiront aussitôt après, désireront la guerre en temps de paix, et la paix en temps de guerre ; se croiront le peuple le plus spirituel du monde, et le proclameront dans leurs journaux, sans craindre de passer pour ridicules en Europe ; feront des quêtes pour les petits Chinois, et laisseront périr de froid à leurs portes d'autres Chinois, qu'ils appelleront leurs compatriotes et leurs frères, dans leurs accès de philanthropie ; aimeront les croix, les rubans, les panaches, les uniformes, les tambours, et feront des traités sur la paix universelle ; introduiront la mode dans la politique, dans la médecine, dans la littérature et dans la religion ; iront au concert comme à l'Académie, parce qu'il sera de bon ton de s'ennuyer là plutôt qu'ailleurs ; enfin, après avoir fait exactement ce que nous faisons tous les jours, ils mourront comme nous, en se plaignant, comme nous, de la brièveté de la vie, qu'ils n'auront pas su mieux remplir que nous.

Est-ce bien la peine, en vérité, de se déranger d'un cercueil, où l'on est commodément couché, pour voir jouer par d'autres une méchante comédie qu'on a déjà jouée soi-même ?

Sphinx.

A l'est de sa seconde pyramide de Gizeh, un monstre de granit, aux formes colossales, élève sa tête de femme au-dessus, des sables qui ensevelissent son corps de lion. C'est le Sphinx, le gardien du désert, mystérieux comme lui.

"Des allées de sphinx, dit Plutarque, conduisaient aux temples des Égyptiens." Quel sens couvraient donc ces re-présentations que la piété de ce peuple aimait tant à prodi-guer ? Signifiaient-elles le problème éternel de la destinée humaine, ou l'impénétrable mystère de la force fécondante cachée au sein de la nature, ou le sens symbolique attaché aux rites de la religion égyptienne ? C'est un secret que le sphinx du désert n'a pas encore révélé aux savants.

Quoi qu'il en soit, cette conception étrange pénétra d'Égypte en Grèce, apportée sans doute par Cadmus, le fondateur de Thèbes. Accroupi sur la route de Delphes, un sphinx ailé arrêtait les passants pour leur proposer des énigmes, et dévorait ceux qui ne pouvaient les deviner. On sait la question qu'il fit à Œdipe :

« Il marche tantôt sur deux pieds, tantôt sur quatre, tantôt sur trois. — Seul il possède une voix articulée, seul entre tous les êtres qui rampent sur la terre, et qui se meuvent dans les airs ou dans la mer profonde. — Jamais ses mem-bres n'ont moins de force et de vitesse que quand il a plus de deux pieds. »

Il faut avouer qu'avec des problèmes aussi naïfs, le sphinx, de nos jours, ne trouverait personne à dévorer, et que nos interprètes de rébus auraient beau jeu avec lui. Mais on était alors à l'enfance du monde, la science de la divination ne faisait que de naître, et Œdipe, en trouvant le mot de l'énigme, mérita la grande réputation qui lui est restée.

Son nom, en effet, est encore aujourd'hui le synonyme d'esprit subtil. On dit d'une question obscure et douteuse qu'il faudrait, pour la résoudre, la pénétration d'un Œdipe. On dit aussi d'une personne qui prend des airs mystérieux qu'elle a des attitudes de sphinx. Les journaux comparent notre siècle à un sphinx qui jette son énigme aux gouvernants et dévore ceux qui ne la comprennent pas.

TANTALE. SISYPHE. DANAÏDES.
CÉLÈBRES DAMNÉS.

Sans avoir des conceptions aussi sombres que les chrétiens du moyen âge, sans prendre comme eux un farouche plaisir à multiplier dans leur enfer les images des supplices les plus raffinés, les Grecs avaient déjà fait preuve d'une riche imagination.

L'Hydre, la Murène, la Gorgone, rongeaient le foie et le cœur des méchants. Ils étaient fouettés, roués, écartelés, brûlés, déchirés par les vautours. La Chimère les démembrait, Cerbère les broyait sous ses dents. Eurynome, une espèce d'ogre à la peau d'un noir bleuâtre, aux mâchoires énormes, assis sur les dépouilles d'un vautour, leur rongeait les chairs jusqu'aux os.

A côté des damnés vulgaires livrés aux tortures physiques, un groupe de victimes illustres, Tantale, Sisyphe, les Danaïdes, représentaient dans des attitudes variées le supplice du désespoir, non celui qui se résigne et s'endort dans une insensibilité salutaire, mais celui qui se révolte et se consume dans une lutte insensée contre l'impossible.

Ainsi Tantale toujours affamé, toujours altéré, poursuivait sans relâche l'eau qui fuyait ses lèvres brûlantes, les fruits qui échappaient à ses mains avides.

Sisyphe, sur une pente escarpée, roulait un quartier de roche qui retombait toujours au moment d'atteindre le sommet.

Les Danaïdes versaient continuellement l'eau de leurs cruches dans un, tonneau sans fond.

Quel était leur crime ? Tantale et Sisyphe avaient voulu, comme Prométhée et comme Esculape, échapper aux lois fatales de leur condition mortelle et en affranchir les hommes. Le premier avait essayé de dérober aux dieux l'ambroisie, principe d'immortalité ; l'autre de tromper la mort. Jupiter, le gardien jaloux de l'ordre immuable, avait puni leur témérité comme un sacrilège.

Les Danaïdes, filles de Danaüs, roi d'Égypte, étaient plus coupables. Elles étaient quarante-neuf qui, dans la même nuit, avaient assassiné leurs époux pour obéir à leur père.

Le supplice de Tantale était déjà passé en proverbe chez les anciens, qui le regardaient comme l'image de l'avarice tourmentée d'une insatiable convoitise. Comparaison aussi fausse qu'ingénieuse. Car, à le bien prendre, ce fameux supplice consiste moins à désirer ce qu'on ne possède pas qu'à ne pouvoir jouir de ce qu'on a. Si nous disons d'un pauvre qui a faim et qui dévore des yeux un étalage de comestibles qu'il souffre le supplice de Tantale, que dirons-nous d'un gourmand serviette au cou, en ferme délibération de bien faire, et qui manque d'appétit ?

Il y a des gens sérieux, ennemis du paradoxe, sans esprit de parti, qui nient absolument ce que notre siècle appelle le progrès.

Ils comparent le travail de l'humanité à celui de Sisyphe et des Danaïdes. Ils disent qu'à chaque cruche versée dans le tonneau sans fond nous croyons que l'eau monte, non parce que nous la voyons monter, mais parce que notre cruche est vide. Ils disent encore que nous mesurons le mouvement de notre rocher non pas au chemin qu'il parcourt sur la montagne, mais à l'effort que ce mouvement nous coûte. Une génération vigoureuse l'a rapproché du sommet par une énergique impulsion ; des descendants plus faibles surviennent, le rocher retombe, et ils ne s'en aperçoivent pas : ils croient accélérer sa marche, et ne font que ralentir sa chute.

Et quand cela serait vrai, bonnes gens, faudrait-il briser sa cruche et s'asseoir sur son rocher ?

Mais cela n'est pas vrai : j'en atteste les découvertes des sciences, le progrès des idées de justice et de liberté, la vie et la dignité humaine respectées, le travail anobli et regardé comme une chose sainte, l'esprit de caste éteint, l'esclavage aboli, et enfin la conscience des peuples modernes, qui ont horreur de l'immobilité, comme les individus ont horreur du néant.

Vous avez vu des fourmis bâtir leur cité. Supposez que l'une d'elles, au milieu du travail, s'interrompe et dise à ses compagnes : — « Nous nous donnons, mes sœurs, une peine inutile : voilà plus de quinze levers de soleil que chacune de nous s'épuise à porter sa poutre et son moellon, et le travail n'avance pas ; nous ne voyons pas monter l'édifice. » — Croyez-vous que les braves petites ouvrières perdraient leur temps à lui répondre ? Eh bien, faisons comme elles, laissons dire les détracteurs du progrès et bâtissons tranquillement notre fourmilière : l'important n'est pas que nous voyions l'œuvre avancer, c'est qu'elle avance réellement et que nos descendants en profitent.

Tente d'Achille.

Lorsque Achille eut appelé Agamemnon "*chien d'ivrogne*", il rentra dans sa tente, où il joua de la lyre avec son ami Patrocle, pour se désennuyer, pendant que les Grecs se battaient.

Cette bouderie du héros d' Homère est restée célèbre. Aujourd'hui encore, si un homme politique, soit dépit, soit calcul, s'éloigne volontairement des affaires, on dit qu'il se retire sous sa tente.

Il arrive quelquefois que les médecins lui conseillent l'air de la campagne, et alors les journaux de son parti publient qu'il est retourné à sa charrue comme Cincinnatus, et ceux du parti contraire, qu'il est allé planter ses choux.

Ne serait-il pas temps de mettre cette tente et cette charrue au musée des vieilles métaphores fripées, qui ne peuvent plus servir ? On suspendrait au-dessus l'épée de Damoclès.

TRÉPIED D'APOLLON.

Qu'était ce trépied ? — Un vase d'or ou d'airain à trois pieds, servant aux sacrifices ? — Une table couverte de la peau de Python, où les prêtres accoudés rendaient des oracles ? — Un siège où s'asseyait la pythonisse, pour attendre le dieu ? — Une grande coupe pleine de poussière ? — Une grotte profonde et mystérieuse ?

Vase, table, escabeau, clepsydre ou caverne, qu'importe ? Ce trépied jouait un grand rôle dans le mobilier de la diseuse de bonne aventure, qui s'appelait Pythie ou Pythonisse. C'est la première table tournante, parlante et prophétisante dont parle l'histoire.

Aujourd'hui, être sur le trépied, c'est être inspiré, transporté de la fureur poétique ou prophétique.

— "Sa bouche écume et se contracte, ses cheveux se dressent, elle n'a plus la taille d'une mortelle ", dit Virgile, en parlant de la prêtresse du Cumes.

C'est ainsi que composaient Santeul, du Bartas et d'autres enragés.

Le difficile n'est pas de monter sur le trépied, c'est de s'y maintenir, ou d'en descendre sans se rompre le cou. Rien de plus ridicule qu'un poëte qui s'y débat, en attendant le dieu qui ne vient pas.

VULCAIN. CYCLOPES.

Vulcain, fils disgracié de Jupiter et de Junon, forgeait dans les cavernes de l'Etna les foudres de son père.

Les Cyclopes, forgerons gigantesques, travaillaient sous ses ordres.

Il y a encore des écrivains qui invoquent le souvenir de ce dieu et de ses redoutables ouvriers pour embellir leur diction.

— Le noir Vulcain (c'est de l'honnête Smith ou de tout autre qu'il s'agit), le noir Vulcain s'agitait dans sa forge embrasée, au milieu de trois athlétiques Cyclopes, qui ébranlaient le quartier du bruit de leurs marteaux.

Boileau se plaint en assez méchants vers d'un "noir Vulcain qui lui vient *rompre la tête* avec un *fer qu'il apprête* ".

Vulcain partage avec saint Eloy l'honneur d'être le patron des joyeux compagnons de la forge.

J'ai habité une rue où les *Forges de Vulcain* faisaient concurrence au *Grand Saint-Eloy*, pour le malheur des voisins. L'enseigne païenne faisant face à l'enseigne chrétienne, vous pensez quel vacarme c'était. Le dimanche seulement, et souvent le lundi, il y avait trêve. Les deux cultes transigeaient au cabaret, et le soir au retour s'appuyaient l'un sur l'autre.

Les Cyclopes, originaires de Sicile, n'avaient, comme on sait, qu'un œil, mais "un œil de géant, grand, dit Virgile , comme un bouclier d'Argos ou comme le disque de la lune".

De là Cyclope pris dans le sens de borgne. Frédéric II écrit à Voltaire : — "« Nous avons ici un gros Cyclope de géomètre. » " Ce gros Cyclope était Léonard Euler, un des plus grands hommes du xviiie siècle.

On prétend que cette fable vient de ce que les anciens peuples de la Sicile, qui travaillaient à l'exploitation des métaux, descendaient dans leurs mines avec une lanterne attachée au front. Cette conjecture est vraisemblable, car les Arimaspes, peuple scythe, qui, selon la légende, disputaient aux griffons l'entrée des mines d'or, passaient pour être *monopes*, c'est-à-dire pour n'avoir qu'un œil.

Néanmoins il ne faut rien affirmer.

FIN.

OUVRAGES À CONSULTER.

ADONIS. — Nous avons de La Fontaine un poëme d'*Adonis*, où l'on trouve des vers charmants, et entre autres celui-ci tant cité :

Ni la grâce, plus belle encor que la beauté.

(Voir Œuvres diverses.)

ARIANE. — Catulle, dans son poëme des *Noces de Thétis et de Pélée*, a consacré un brillant épisode au récit des souffrances de cette délaissée. Thomas Corneille a fait une *tragédie d'Ariane* qui balança autrefois le succès du *Bajazet* de Racine, et qui aujourd'hui n'est plus guère lue que des amateurs.

CENTAURES. — Lire dans Ovide (*Métamorphoses*, liv. XII) le récit du combat des Lapithes et des Centaures. C'est un tableau plein de mouvement et de couleur que Chénier, dans son idylle de *l'Aveugle*, a très-heureusement imité.

CÉRÈS. — Ovide, *Fastes*, liv. IV.

COMUS. — Voir le *Banquet* de Platon, et Plutarque, *Discours d'Isis et d'Osiris*.

ÉTERNUEMENT. — Léopardi, un grand poëte italien, un grand érudit, a fait un traité des *Erreurs populaires des anciens*, plein de détails curieux sur ce sujet.

ÉTOILE. — La croyance à l'astrologie judiciaire est une superstition fort ancienne et fort répandue. On trouve dans les écrits de Ptolémée un chapitre sur l'influence des planètes. Cicéron (*Songe de Scipion*), Horace (*ode XIV, liv. II*), Julius Firmicus (*Mathes.*, liv. VII, chap. X), Perse (*satire V*), parlent de l'ascendant heureux ou malheureux de certains astres. On sait qu'au xviiie siècle le Régent lui-même était infatué de cette erreur.

HARPYES. —   Virgile, *liv. III* ; Apollonius de Rhodes (*Argonautiques*).

HÉLICON. — Sur cette montagne on avait dressé les statues des neuf Muses et celles des plus grands poëtes de la Grèce. Orphée y avait son tombeau.

GRÂCES. — Elles étaient nues. — La grâce est naturelle, sans ornement, sans artifice. Elles ne se montraient que dans la demi-ombre des nuits étoilées. — La grâce a quelque chose de fugitif et d'insaisissable qui échappe à l'analyse. Elles dansaient en chœur. — Ce sont les groupes, les mouvements, les attitudes du corps qui la font surtout ressortir. Je ne connais pas de théorie du beau qui vaille cette allégorie charmante.

MÉGÈRE. — Voir dans Virgile (*Énéide*, liv. VI) le rôle que les trois sœurs jouaient aux enfers.

Notre aigle aperçut d'aventure

Dans les coins d'une roche dure,

Ou dans les trous d'une masure

(Je ne sais plus lequel des deux),

De petits monstres fort hideux,

Rechignés, un air triste, une voix de mégère.

(La Fontaine, *Fables*, liv. VI, 18.)

MIDAS. — Ovide, *Métam.*, liv. II.

MOMUS. — Voir Lucien, *Nigrinus* et *Dialogue des Hérésies*.

MYRMIDONS. — Ovide, *Métam.*, liv. VII.

NARCISSE. — Ovide, *Métam.*, liv. III.

OMBRES. — Lisez l'*Odyssée* (liv. II) et l'*Énéide* (liv. VI), et remarquez combien la conception de l'Enfer est différente dans les deux poëmes.

ORACLES. — Voir l'*Histoire des Oracles* de Fontenelle, tirée d'une dissertation écrite en 1693 par Van Dale, un savant médecin de Harlem.

PÉNÉLOPE. — L'intérêt de l'*Odyssée* repose sur les longues épreuves de Pénélope et sur la constance invincible avec laquelle elle repoussa les demandes des prétendants, jusqu'au retour de son mari.

POMME DE DISCORDE. — Voir dans Catulle les *Noces de Thétis et de Pélée*.

PROMÉTHÉE. — Cette grande légende a inspiré au vieil Eschyle une trilogie. (C'est ainsi que les Grecs appelaient une action développée en trois drames.) On avait de lui : *Prométhée ravisseur du feu, Prométhée enchaîné, Prométhée délivré*. Des trois ouvrages le temps n'a épargné que le second.

PROTÉE. — Homère, *Odyssée*, liv. IV ; Virgile, *Géorgiques*, liv. IV. Lucien, porté à railler les mythes plutôt qu'à les expliquer, fait de Protée un danseur habile à varier ses poses et ses attitudes. Interprétation bien frivole. (*Dialogue de la Danse*.)

SATURNE. — Consulter, pour l'interprétation de ce mythe, Creutzer (*Religions de l'Antiquité*). Notre carnaval, selon les savants, est un souvenir des saturnales antiques.

SPHINX. — Œdipe. Il y a une trilogie de Sophocle consacrée aux malheurs de la maison d'Œdipe : *Œdipe Roi*, révélation de la fatale destinée du prince ; *Œdipe à Colone*, son exil, sa mort ; *Antigone*, la destruction de toute sa famille. Corneille et Voltaire ont traité ce grand sujet avec un bonheur inégal.

NOTES

[1] Homère

[2] Minerve, la Sagesse.

[3] *Remigium alarum.*(Virg.)" Cette fable prouve que les Grecs attribuaient encore à Dédale l'invention des mâts et des voiles. Heureux temps où les peuples enveloppaient de légendes la vie de leurs artistes comme celle de leurs dieux !

[4] Selon Aristote, les Pygmées habitaient dans des cavernes ; selon Pline, dans des huttes de terre. Non-nosus les dit noirs et velus de la tête aux pieds, sans doute à cause des fourrures dont ils étaient couverts.

[5] Ces monstres étaient les hideuses personnifications des vents du midi, qui apportaient en Thrace avec eux la peste et la stérilité. Calaïs et Zèthès, les fils du vent du nord, les poursuivirent à grands coups d'ailes et leur donnèrent la chasse jusqu'aux îles Strophades, où elles firent plus tard une belle peur au pieux Énée.

[6] Proudhon. *La Guerre et la Paix*. Préface.

[7] Bossuet, *Hist. univers.*